smooth**food**

5 Sterne für die Heimküche

Markus Biedermann
Sandra Furer-Fawer
Herbert Thill

Lambertus

Markus Biedermann · Sandra Furer-Fawer · Herbert Thill

smooth**food**

5 Sterne für die Heimküche

Lambertus

Begriff und Definition von smoothfood© sind urheberrechtlich und markenrechtlich geschützt.

Bibliographische Information der Deutschen Nationalbibliothek

Die Deutsche Nationalbibliothek verzeichnet diese Publikation in der Deutschen Nationalbibliographie; detaillierte bibliographische Daten sind im Internet über http://dnb.d-nb.de abrufbar.

www.lambertus.de

Umschlaggestaltung und Layout:

Sinn Agentur für Kommunikation, Kassel

www.sinn-kommunikation.de

Herstellung: Druckerei Stückle, Ettenheim

ISBN 978-3-7841-1975-5

inhalt

vorwort

smoothfood – Kostformen werden in Form gebracht

Bei Smoothfood handelt es sich um rohe oder gegarte, frische oder gefrorene, ernährungsphysiologisch hochwertige Lebens- und Nahrungsmittel, die durch Schneiden, Mixen, Pürieren, Passieren, Pacossieren oder durch Aufschäumen in eine geschmeidige („smooth") Konsistenz gebracht werden ohne ihre ernährungsphysiologische Hochwertigkeit einzubüßen. Die Smoothfood-Technik verbindet klassische Zubereitungsarten mit Anwendungen der Molekularküche. Durch diese Zubereitungstechnik werden sowohl bei den Inhaltsstoffen, bei der Konsistenz als auch bei der Konzentration der Geschmacks- und Aromastoffe eine außergewöhnlich hohe Qualität erreicht und damit insbesondere die Ernährung von Menschen mit Schluckstörungen entscheidend verbessert.

Dieses Buch soll dazu beitragen, Menschen mit Kau- und Schluckstörungen eine Ernährung anzubieten, die sowohl ernährungsphysiologischen Ansprüchen gerecht wird als auch ein sinnliches Erlebnis darstellt. Smoothfood soll eine geschmacksvolle und gesunde Ernährung aller von Kau- und Schluckstörungen betroffenen Personen ermöglichen. Dazu werden Wege aufgezeigt, diese häufig als Sonder-Kostformen bezeichneten Mahlzeiten aus ihrem Schattendasein zu führen. Der phantasielose Einheitsbrei weicht einer lustvollen und innovativen Küche, die sich der Herausforderung stellt, Püriertes, Passiertes und Flüssiges in kulinarische Köstlichkeiten zu verwandeln.

Ausgangssituation

Die Gefährdung des allgemeinen Gesundheitszustandes durch eine durch Kau- und Schluckstörungen verursachte Mangel- oder Unterernährung ist nicht zu unterschätzen. Zunächst einmal wird die Nahrungsaufnahme durch diese Störungen erheblich erschwert. Viele Menschen, die Schwierigkeiten mit dem Kauen und Schlucken haben, fürchten sich vor dem Essen – es bedeutet für sie, sich zu verschlucken und ist vielfach mit Schmerzen verbunden, besonders dann, wenn die Kostform nicht die geeignete Konsistenz hat. Genau aus diesem Grund muss auch immer wieder überprüft werden, ob die verabreichte

Kostform die beste Lösung ist: Vielfach ist die Notwendigkeit einer feineren Kostform lediglich temporär und kann nach gewisser Zeit wieder durch festere Speisen ersetzt werden. Diese Komplikationen führen dazu, dass betroffene Personen grundsätzlich zu wenig Nahrung zu sich nehmen. Sonder-Kostformen haben zudem normalerweise einen geringen Nährstoffgehalt. Durch Weichkochen, Warmhaltephasen und das Pürieren beziehungsweise Passieren gehen viele wertvolle Substanzen verloren. Die kleinen Mengen, die verzehrt werden, genügen meist nicht, den ernährungsphysiologischen Bedarf zu decken. Mangelernährung ist eine Folge davon.
Bei diesen Sonder-Kostformen handelt es sich ferner kaum um liebevoll zubereitete Speisen – somit wird der Appetit der betroffenen Personen gar nicht erst oder nur ungenügend stimuliert. Dies kann fatale Formen haben, besonders bei Menschen, die durch die Einnahme von Medikamenten bereits einen geringen Appetit haben – sie werden unterernährt. All diese Gründe führen zu einer Verschlechterung des Gesundheitszustandes. Die zentrale Funktion und die Notwendigkeit einer vollwertigen Ernährung liegen auf der Hand.
So ist es unabdingbar, in diesem Bereich innovativ zu handeln und eine ernährungsphysiologisch ausgewogene und genussreiche Ernährung sicherzustellen. Während sich in den letzten Jahren Einiges im Bereich der herkömmlichen Heimküche getan hat, werden die verschiedenen Kostformen immer noch vernachlässigt. Lustlos und ohne fachliche Ambitionen werden beliebige Lebensmittel miteinander püriert und als farbloser Einheitsbrei serviert – ein Frühstück in „Kostform" bedeutet im Allgemeinverständnis nichts weiter als Brot, Butter, Konfitüre, Käse, Kaffe, Milch & Co. zusammen in einen Mixer zu geben und in die gewünschte Konsistenz zu bringen – vielfach handelt es sich bei diesen Lebensmitteln um Reste oder sonst minderwertige Ware.
Die Heimküche ist schon lange keine Breiküche mehr, sie muss es auch nicht sein! Seniorinnen und Senioren von heute werden älter als noch vor ein paar Jahrzehnten und haben hohe Ansprüche, auch was das Essen anbelangt. Es hat nicht nur eine strukturierende Funktion im Alltag, sondern steht auch für Freude und Genuss. Gerade bei Menschen, die in vielen Bereichen ihres Lebens auf Unterstützung angewiesen sind, kann

gutes Essen einen wesentlichen Beitrag zur Lebensqualität leisten. Dies gilt nicht nur für die herkömmlichen Zubereitungsformen, sondern ganz besonders auch für die Sonder-Kostformen: Für Personen, die bettlägerig und auf allumfassende Begleitung angewiesen sind, kann das Essen eine besonders wichtige und bereichernde Abwechslung darstellen – wenn es entsprechend zubereitet und angerichtet ist. Die Möglichkeiten dieser Kostformen wurden bis heute jedoch kaum wahrgenommen und der Stellenwert einer gesunden Vollwertküche in all ihren Formen wird im Gegensatz zu einer medikamentösen Behandlung immer noch gering bewertet. Für eine zukunftsorientierte Begleitung pflegebedürftiger Menschen ist dies nicht länger haltbar. Die Folgekosten einer schlechten Ernährung sind dafür zu hoch – von den Vorteilen einer guten und gesunden Küche gar nicht zu reden!

Trotz wachsenden Bewusstseins für eine gesunde Ernährung wird in der Betreuung hoch dementer Menschen immer wieder die Frage gestellt, wie lange es überhaupt Sinn macht, hochwertiges Essen zu verabreichen – die Entscheidung für eine Sondenernährung fällt oft leichtfertig und wird häufig vom Pflegepersonal bei Ärzten, die eine Sondennahrung anordnen müssen, angemahnt. Dabei sollte die Sonde nur im Notfall und in erster Linie temporär eingesetzt werden, um die Darmaktivität zu erhalten – wann immer es irgend möglich ist, muss wieder auf eine normale Ernährung umgestellt werden. Die technischen Hilfsmittel hierfür machen dies möglich – und die Berücksichtigung ethischer Aspekte macht es gar unumgänglich.

In der Begleitung pflegebedürftiger Menschen muss das Prinzip der Salutogenese zentral sein: Der Mensch ist ein Individuum, dessen Zustand sich zwischen den Polen Gesundheit und Krankheit hin und her bewegt. Niemand ist ganz und gar krank, und auch niemand ist völlig gesund. Wir alle sind, solange wir leben, in einem gewissen Ausmaß gesund. Daran müssen wir uns orientieren, wenn es uns gelingen soll, den uns anvertrauten Menschen gerecht zu werden und ihnen ein Umfeld anzubieten, in welchem sie sich respektiert fühlen. Auch der schwerstkranke Mensch hat Kompetenzen: Mag seine Wahrnehmung der Welt auch anders als die unsere sein, so ist er dennoch in der Lage, Lust und Unlust zu empfinden. Es muss in unserem Bestreben liegen, diese positiven Lustempfindungen zu fordern und zu fördern. Ein leckeres und liebevoll zubereitetes und serviertes Essen ist ein hervorragendes Mittel dazu. Gemüseperlen zum Beispiel, die mit einer Pipette sorgfältig in den Mund der betroffenen Person getröpfelt werden und auf der Zunge zerschmelzen, sind eine sinnliche Erfahrung und fördern dank ihres hohen Nährstoffgehalts die Gesundheit. Am Beispiel der Molekularküche lässt sich eindrücklich demonstrieren, dass in der Kochkunst immer wieder neue Wege eingeschlagen werden können und dass gerade auch die Zubereitung der verschiedenen Kostformen eine Herausforderung für den Profi sein kann. Mit dem Pacojet oder dem Easy Whip (Schaumbläser) werden neue Kreationen möglich, die eine Zubereitung der Kostformen auf höchstem Niveau erlauben: Gemüseperlen, luftige Mousses und feste heiße Suppen sind Beispiele dafür. Mit Smoothfood stellt sich die Köchin oder der Koch einer neuen Aufgabe: Die feine und gesunde Verpflegung von Menschen, die trotz ihrer Kau- und Schluckstörungen Freude am Essen haben.

Inhalt

Dieses Buch ist in drei Teile gegliedert. Im ersten Teil führt die Logopädin Sandra Furer-Fawer in das Thema der Kau- und Schluckstörungen ein. Dabei wird erklärt, wie diese Störungen entstehen, was sie genau bedeuten und wie mit ihnen umgegangen werden kann. Im zweiten Teil werden nach einer theoretischen Einführung die verschiedenen Stufen der Sonder-Kostformen vorgestellt. Dabei gilt es sich stets in Erinnerung zu rufen, dass die Entscheidung für eine bestimmte Kostform lediglich eine zeitlich beschränkte Lösung ist. Es muss immer wieder überprüft werden, ob nicht wieder eine festere Form der Speisen verabreicht werden kann.

Abschließend folgt dann im dritten Teil eine Auswahl von Rezepten von Markus Biedermann (eidg. dipl. Küchenchef) und Herbert Thill (Küchenmeister) mit modellhaften Menüplänen und damit einer praktischen Anleitung zur Realisierung von Smoothfood in stationären Einrichtungen der Altenpflege.

Juni 2010 | Markus Biedermann, Herbert Thill

behandlungs**möglichkeiten**

Entstehung und Behandlungsmöglichkeiten von Schluck- und Kaustörungen[1]

Der normale Schluckvorgang

Nehmen Sie zum Lesen dieses Abschnittes einen optisch ansprechenden wohlschmeckenden kleinen Snack zu sich oder beißen Sie in einen knackigen rotbackigen Apfel und beobachten Sie Phase für Phase, was Sie beim Schluckvorgang bei sich selbst wahrnehmen.

Die fünf Phasen des Schluckens

1 Schluckphase vor der Aufnahme in den Mund (Präorale Phase)

Das Aussehen und der Geruch von Speisen fördern die Bereitschaft zur Nahrungsaufnahme und erhöhen die Produktion des Speichelflusses. Diese Phase kann deshalb auch Stimulationsphase genannt werden. Eine angenehme Umgebung in Gesellschaft erhöht zudem die Schluckmotivation und das eigene Wohlbefinden beim Essen.

Der Transport der Speise zum Mund bedingt fein abgestimmte Hand- und Armbewegungen, koordiniert mit den Bewegungen des Oberkörpers, des Kopfes und des Unterkiefers. Eine gute Ausgangshaltung und eine optimale Sitzposition mit Rumpf- und Kopfkontrolle ist unabdingbare Voraussetzung für das Essen und Trinken.

Spüren Sie, wie Ihnen schon bei der Vorstellung oder dem Anblick des Essens das Wasser im Mund zusammen läuft? Sie stellen sich bereits den Geschmack oder den Geruch vor und verbinden die Eindrücke mit etwas Angenehmem. Der dabei vermehrt auftretende Speichelfluss ist ein Reflex. Dafür sorgen vor allem drei große paarig angelegte Drüsen: die

---

1 Eine ausführlichere und mit Fallbeispielen versehene Fassung dieses Beitrags steht unter www.lambertus.de Stichwort „smoothfood" als Download zur Verfügung.

Unterkieferspeicheldrüse, die Unterzungenspeicheldrüse und die Ohrspeicheldrüse. Die „Spucke» macht die Nahrung weich und geschmeidig, so dass der Speisebrei nun leicht über die Speiseröhre in den Magen gleiten kann.

2 Kauen und Vermischen der Speise mit Speichel (Orale Vorbereitungsphase)
Die Nahrung wird in den Mund aufgenommen und je nach Konsistenz zerkaut, mit Speichel durchmischt und auf der Zunge zu einem schluckgerechten Bissen geformt. Wichtige Voraussetzungen sind ein gut koordiniertes motorisches und sensorisches Zusammenspiel zwischen Lippen, Wangen, Kiefer und Zunge sowie eine gute Wahrnehmungsfähigkeit.
Der Mundschluss muss gewährleitstet sein, so dass keine Nahrung aus dem Mund entweichen kann. Die Wangen müssen genügend Spannung aufbauen können.
Die Zunge bildet die Form einer kleinen „Schüssel". Das Gaumensegel hängt nach vorne unten. Der Unterkiefer bewegt sich nach unten und oben, nach der Mitte und der Seite und nach vorn und zurück. Diese Phase ist willentlich steuerbar.
Über diverse Rezeptoren im Mundbereich wird die Speise auf Beschaffenheit, Geruch, Geschmack und Volumen analysiert. Diese sensorischen Reize vermitteln uns das lustvolle Erlebnis eines köstlichen Essens, wie es der Begriff „Gaumenfreuden" treffend umschreibt.
Die Dauer der oralen Vorbereitungsphase ist individuell verschieden. Sicher erinnern Sie sich an Beispiele von Schnell- und Langsamessern in Ihrem Bekanntenkreis.

3 Schluckphase des Mundes (Orale Phase)
Nach der Vorbereitung einer schluckfertigen Portion hebt sich die Zungenspitze und legt sich hinter den oberen Schneidezähnen an den harten Gaumen. Die Wangen sind tonisiert, der dadurch entstehende Sog erleichtert den Transport der Speisen in Richtung Rachen. Wellenförmige Zungenbewegungen befördern den Bissen über den hinteren Teil der Zunge in den Rachenraum. Erst durch diesen Vorgang kann der **Schluckreflex** ausgelöst werden. Ein genügend kräftiger Lippenschluss gibt der Zunge den nötigen Widerstand. Der restliche Schluckablauf ist mit der Reflexauslösung nicht mehr willentlich steuerbar.

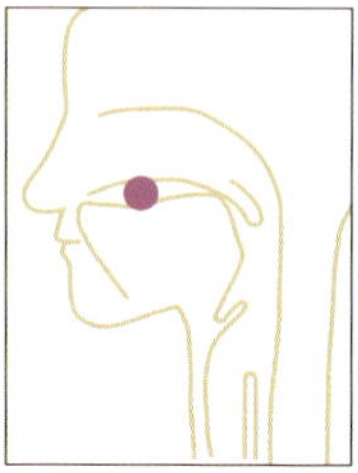

Kauen und Vermischen der Speise mit Speichel

Schluckphase des Mundes, des Rachens und der Speiseröhre

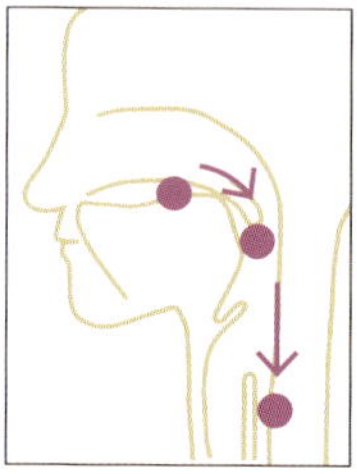

Versuchen Sie mit offenem Mund zu schlucken und Sie werden spüren, wie hilflos sich die Zunge einen Halt sucht und wie Sie den Schluckreflex nur mit großer Anstrengung auslösen können.

4 Schluckphase des Rachens (Pharyngeale Phase)

Diese Phase beginnt mit der Auslösung des **Schluckreflexes** und endet mit dem Übergang der Speise in die Speiseröhre und dauert nur ungefähr eine Sekunde. Die Auslösung des Schluckreflexes ist nicht beliebig oft nacheinander auslösbar. Die Auslösezonen verschieben sich mit zunehmendem Alter in den hinteren Teil der Zunge (Basis des vorderen Gaumenbogens in Zungenbasis bis in Höhe des Kehldeckels) und sind auch bei jungen Menschen individuell verschieden.

Das Gaumensegel schließt gegen den Nasenrachenraum ab, damit keine Speisen in den Nasenrachenraum gelangen können.

Der Kehlkopf mit dem Zungenbein hebt sich nach oben vorne und öffnet dabei den oberen Speiseröhrensphinkter, einen ringförmigen Schließmuskel, der in der Ruheposition verhindert, dass die Speisen aus dem Magen wieder zurückfließen.

Um ein Eindringen der Speise in die Luftröhre (Aspiration) zu verhindern, muss in dieser kritischen Phase der Kehlkopf verschlossen werden. Dabei kommt nun ein dreifacher Verschlussmechanismus des Kehlkopfs zum Einsatz: Der Kehldeckel wird über den Kehlkopf gelegt, weiterhin schließen sich die Taschenfalten und die Stimmlippen. Während des

eigentlichen Schluckaktes wird die Atmung unterbrochen, deshalb sind Stimmbildung und gleichzeitiges Schlucken unmöglich.
Spüren Sie die Hebung und die anschließende Senkung des Kehlkopfes während des eigentlichen Schluckaktes, indem sie die drei mittleren Fingerspitzen einer Hand auf den Kehlkopf legen. Versuchen Sie dasselbe nochmals indem Sie mit nach oben hinten geneigtem Hals schlucken. Sicherlich werden Sie feststellen, wie sich die überspannte Kehlkopfmuskulatur behindernd auf das Schlucken auswirkt.
Im Kapitel „Haltung und Sitzposition" wird noch speziell auf die zentrale Wichtigkeit der Sitzposition des Schluckpatienten eingegangen.

5 Schluckphase der Speiseröhre (Ösophageale Phase)

Mittels ringförmig einschnürenden (peristaltischen) Kontraktionen der glatten Muskulatur der Speiseröhre wird der Bissen vom oberen zum unteren Speiseröhrensphinkter in den Magen befördert.
Der Schluckvorgang zählt zu den häufigsten Bewegungsvorgängen des Menschen und ist für die meisten Menschen eine Selbstverständlichkeit – vorausgesetzt, es funktioniert problemlos. Die normale Anzahl der Schlucke beim gesunden Menschen beträgt zwischen 580 bis zu 2.000 Mal pro Tag. Dieser Vorgang läuft unbewusst ab, kann aber auch willentlich gesteuert werden. Im Wachzustand, vor allem beim Essen oder beim Lutschen von einem Bonbon, ist die Schluckfrequenz deutlich erhöht, während sie im Tiefschlafzustand beinahe aufhört. Am hochkomplexen Kau- und Schluckvorgang sind etwa 50 Muskelpaare beteiligt. Dieses Muskelzusammenspiel ist hoch spezialisiert, entsprechend sensibel und störanfällig. Häufig wird nach dem Schlucken nochmals nachgeschluckt, um Speisereste aus dem Mundraum zu entfernen.
Trinken Sie jetzt einige Schlucke Wasser aus einem dünnwandigen Glas und anschließend aus einer dickwandigen Tasse. Beobachten Sie genau, wie sich die Lippen beinahe schließen und sich auf die zu erwartende Flüssigkeit konzentrieren. Und wie Sie anschließend den Schluck quasi anschlürfen, auch wenn uns unsere Sozialisation gelernt hat, dies mög-

lichst geräuschlos zu tun. Dieser Sog erhöht die Spannung und erleichtert uns das Schlucken der Flüssigkeit.
Trinken Sie zudem mit einem Trinkhalm und nehmen Sie die Unterschiede wahr. Das Saugen ist ein reflektorischer Vorgang, das wir nach der Säuglingszeit eigentlich aufgegeben haben, aber je nach Situation bewusst einsetzen können. Die Flüssigkeit gelangt viel unkontrollierter, schneller und oftmals weiter hinten in den Rachen, bevor sie geschluckt wird.

Schluck- und Kaustörungen (Dysphagien)

1 Ursachen

Schluckstörungen sind mit großem Leidensdruck und zum Teil schweren gesundheitlichen Folgen verbunden. Vielerorts werden sie immer noch nicht erkannt und häufig unterschätzt oder bei der Verpflegung der Betroffenen unzureichend berücksichtigt.
Neben dem natürlichen **Alterungsprozess** sind unzählige **Krankheiten** die Grundursachen für sehr unterschiedlich ausgeprägte Schluck- und Kaustörungen.
Das Gewebe der am Schluckvorgang beteiligten Organe des alternden Menschen verändert sich, kann sich verhärten oder verdicken und wird weniger elastisch. Die Nerven übertragen motorische und sensorische Impulse weniger schnell. Die Folgen sind eine verlängerte Kauphase und eine spätere Auslösung des Schluckreflexes. Kraftverlust und Koordinationsstörungen verhindern ein effektives Kauen und Schlucken des Bissens.
Der Verlust der Zähne oder eine schlecht sitzende Prothese können zudem zur Veränderung der Kieferstellung beitragen. Das Alter bringt Einschränkungen in Geschmacks- und Geruchssinn mit sich, der die Motivation zum Essen zusätzlich vermindert. Die Speichelproduktion wird reduziert, was zur Folge hat, dass die Nahrung weniger eingespeichelt wird und die Nahrung schlechter rutscht. Weniger Durstgefühl und damit ungenügendes Trinken verstärken das Problem der Mundtrockenheit. Die Summierung der verschiedenen möglichen Veränderungen der Kau- und Schluckmuster im Alter führen zu einer ho-

hen Wahrscheinlichkeit von so genannten Altersschluck- und Kaustörungen. Es wird davon ausgegangen, dass bei der Hälfte der Heimbewohner eine Schluckstörung festgestellt werden kann.

Zu den häufigsten Erkrankungen, die eine Schluck- oder Kaustörung zur Folge haben, gehören die Erkrankungen des zentralen Nervensystems wie etwa ein Schlaganfall. 40-50 Prozent der Patienten nach einem Schlaganfall sind von Schluckstörungen betroffen. 20 Prozent aller Patienten nach einem Schlaganfall sterben im ersten Jahr nach dem Ereignis an einer Lungenentzündung, hervorgerufen durch eine Schluckstörung.

Weitere Ursachen sind Demenz, Schädelhirntrauma, Multiple Sklerose, Parkinson, Hirnhautentzündung, Tumore und ALS (Amyothrophe Lateralsklerose).

Lähmungen von Gesichtsmuskulatur, Zunge, Gaumensegel, Kehldeckel und Kehlkopf, Wahrnehmungs- und Sensibilitätsstörungen, Verzögerung oder das gänzliche Ausbleiben des Schluckreflexes, Störung der Ausführung willkürlicher, zielgerichteter Bewegungen im Gesichtsbereich und bei der Hand-Mund-Koordination (Apraxien), Beeinträchtigungen der Rumpf- und/oder Kopfkontrolle können Folgen der erwähnten Krankheiten sein, die zu einer Schluck- und Kaustörung führen.

Besonders hervorzuheben im Zusammenhang mit Schluckstörungen und deren Grunderkrankungen sind die **Wahrnehmungsstörungen**. Um Nahrung zu sich nehmen zu können braucht es unzählige Wahrnehmungsleistungen wie räumliche Wahrnehmung, Körperwahrnehmung, Raumlagesinn, Kraftsinn und taktil-kinästethische Wahrnehmung.

Im Zusammenhang mit Smoothfood sei besonders die **Demenz** hervorgehoben. Weil in unserer Gesellschaft der Anteil älterer Menschen zunehmen wird, erwartet man auch eine Zunahme an Demenzkranken. Das Risiko an einer Demenz zu erkranken steigt mit dem Alter. So leidet im Alter zwischen 65 und 69 Jahren jeder Zwanzigste an einer Demenz, aber zwischen 80 und 90 ist schon fast jeder Dritte betroffen. 80 Prozent der Heimbewohner mit Demenzen in fortgeschrittenem Stadium sind von einer Schluck- oder Kaustörung betroffen. Gedächtnis, Koordinations- und Wahrnehmungsprobleme, zunehmende Appetitlosigkeit sowie Abbauprozesse auf der funktionalen Ebene der Schluck- und Kaumuskula-

tur führen zur Verschlechterung der Schluckfähigkeit. Der Betroffene hat möglicherweise einen Bissen in den Mund genommen, vergisst diesen jedoch zu schlucken. Oder er kann sich nicht mehr an die Funktion des Essbestecks erinnern. Wenn dem Heimbewohner der Sinn des Essens und damit der Zugang und die Motivation zum Schlucken und Kauen verloren gehen, verliert sich die Fähigkeit immer mehr und wird im fortschreitenden Krankheitsverlauf häufig gänzlich verweigert.
Ebenso führen organische Erkrankungen wie Missbildungen und Tumore im Hals-, Nasen-, Ohrenbereich zu Schluck- und Kaustörungen. Zusätzlich zu erwähnen sind mögliche Medikamentenneben- oder Wechselwirkungen, die den Speichelfluss verändern, die Speiseröhre angreifen oder die Spannung der Kau- und Schluckmuskulatur verändern. Es können Veränderungen des Geschmacks oder des Appetits, Mundtrockenheit, Übelkeit, Schläfrigkeit oder Störungen der Nährstoffverwertung auftreten.
Zur besseren Verständlichkeit der Schluck- und Kaustörungen werden die Ursachen im Folgenden nach den Schluck- und Kauphasen des vorangegangenen Kapitels eingeteilt.

1.1 Schluck- und Kaustörungen vor dem Schlucken

Durch die mangelnde Kontrolle des Nahrungsbissens im Mund kann der Nahrungsbissen nicht mehr kontrolliert werden. Nahrung läuft aus dem Mund und kann nicht mehr an der korrekten Position zwischen den Kauflächen der Backenzähne gehalten werden.
Das Kauen wird kraftloser und verlangsamt sich, so dass sich die Dauer einer Mahlzeit unter Umständen stark verlängert. Schlecht sitzende Prothesen, Entzündungen oder Tumore beeinträchtigen die Kaufunktionen zusätzlich.
Die Auslösung des Schluckreflexes wird verzögert, was sich unmittelbar auf das Schlucken von Flüssigkeiten negativ auswirkt. Die verlangsamte Koordination des Schluckaktes stimmt nicht mehr mit dem Tempo überein, in welcher die Flüssigkeit den Rachenraum passiert.
Das Auslösen des Schluckreflexes fehlt ganz, was eine normale Nahrungsaufnahme verunmöglicht (Aphagie).

1.2 Schluck- und Kaustörungen während des Schluckens

Ein ungenügender Verschluss des Kehlkopfs, eine schwache Kontraktion des Rachens und vor allem eine eingeschränkte Kehlkopfhebung reduzieren den Schutz der Luftwege oder verunmöglichen ihn ganz. Speisen oder Speichel können ungehindert in die Lunge eindringen. Die Öffnung des oberen Speiseröhrensphinkters ist gestört, so dass die Nahrung nicht in die Speiseröhre gelangen kann.

1.3 Schluck- und Kaustörungen nach dem Schlucken

Nahrungsreste bleiben in den Räumen oberhalb des Kehldeckels und der Stimmlippen (Valleculae und den Sinus piriformis) hängen und werden nicht vollständig abgeschluckt. Die große Gefahr besteht darin, dass erst nach dem Schlucken, zum Teil unbemerkt, verbleibende Nahrungsreste in die Luftröhre eintreten. Der Heimbewohner aspiriert möglicherweise erst nach dem Essen, wenn er sich beim Mittagsschlaf in liegender Position erholen möchte.

Reduzierte Kontraktion oder überhöhte Spannung des Speiseröhrenmuskels haben zur Folge, dass die Nahrung nicht durch die Speiseröhre in Richtung Magen transportiert werden kann.

2 Lebensbedrohliche Situationen durch Lungenentzündungen

Durch das Eindringen von Speisen oder des eigenen Speichels in die Luftröhre kommt es zum Verschlucken, einer so genannten Aspiration. Die Nahrung gelangt unterhalb die Ebene der Stimmlippen und erreicht auf diesem Weg die Lungen. Das Lungengewebe wird beschädigt. Dadurch entstehen entzündliche Reaktionen, die Fieberschübe auslösen. Zusätzlich können schädliche Bakterien eindringen. Die unmittelbare Folge dieser Aspiration sind Erstickungsanfälle oder Lungenentzündungen (Aspirationspneumonien), die zu lebensbedrohenden Situationen führen können.

Weitere Folgen sind Gewichtsverlust, Appetitlosigkeit und Unter- beziehungsweise Fehlernährung. Häufig führen die negativen Erfahrungen der Betroffenen mit dem Schlucken

und das Gefühl zu ersticken zu Vermeidungsreaktionen, der Heimbewohner isst und trinkt immer weniger. Zu geringe Aufnahme von Flüssigkeiten führt wiederum zu einer allgemeinen Dehydration und damit zu einer verminderten Durchblutung des Gehirns. Nicht selten werden die Symptome von neurologischen Erkrankungen noch zusätzlich durch die Dehydration verstärkt.
Redewendungen wie „du musst essen, damit du wieder zu Kräften kommst" waren früher und sind zum Teil heute noch Hintergrund und Ursache der Irrmeinung, den bettlägerigen Patienten in quasi jeder Lebenslage das Essen und die Flüssigkeiten einzuflößen. Wunderschöne, noch gar nicht so alte Porzellankrüglein mit mundgerechten Ausgüssen, aus welchen der Patient auch liegend noch trinken kann, sind im Zusammenhang mit Schluckstörungen makabre Zeugen, die nur zusätzliches Unheil anrichten.
Noch heute sterben kranke Heimbewohner oder Patienten in Spitälern nicht an der eigentlichen Krankheit, sondern an der Komplikation Lungenentzündung, die wiederum aus einer nicht beachteten Schluckstörung resultiert. Laut Untersuchungen ist bei 62 Prozent der über 85-Jährigen in Institutionen lebenden Menschen eine Schluckstörung ein Faktor, der die Sterblichkeit der Betroffenen erhöht.

Besonders schwer zu erkennen sind die so genannten „stillen Aspirationen" (silent aspirations). Beim Verschlucken, das normalerweise einen Hustenreiz provoziert, spürt der Patient nicht, dass der bereits geschluckte Speichel oder der Speisebrei in den „falschen Hals" gelangte. Die Sensibilität im Rachenbereich ist derart vermindert, dass es nicht zu der natürlichen Hustenreaktion kommt. Der Betroffene ist nun der Aspiration mit all ihren Komplikationen schutzlos ausgeliefert. Die interdisziplinäre Zusammenarbeit von Pflegenden, Therapeuten, Köchen und Ärzten ist eine sehr wichtige Voraussetzung, um Schluck- und Kaustörungen richtig zu erkennen und zu behandeln. Ebenso können Angehörige zentrale Beobachtungen einbringen, wenn sie auf die Zusammenhänge des Schluckablaufes aufmerksam gemacht werden.

Wichtige allgemeine Aspirationshinweise sollen bei den Heimbewohnern nicht übersehen werden:

- Verstärkte Verschleimung des Halsnasenohrentraktes ohne direkt erkennbare Erkältung,
- Husten und Räuspern vor, während oder nach dem Essen, beim Zähneputzen,
- Husten beim Schlucken von Speichel,
- unklare Temperaturerhöhungen,
- Veränderungen der Stimme,
- Kurzatmigkeit,
- gehäufte Erkrankungen der Bronchien,
- Lungenentzündung,
- gurgelndes Atemgeräusch.

Aus der Praxis der Logopädie

1 Diagnostik

Eine gute Versorgung und Therapie einer Schluckstörung verkürzen den Aufenthalt im Spital, erhöhen die Lebensqualität in Alters- und Pflegeheimen und helfen auch, die immer höher steigenden Kosten im Gesundheitswesen zu stabilisieren.

In der Diagnostik ist die Zusammenarbeit im interdisziplinären Team eine grundlegende Voraussetzung. So werden bei Ärzten und Pflegenden Vorinformationen eingeholt. Welche Abklärungen bestehen bereits? Wurden bereits apparative Untersuchungen wie Endoskopien oder Röntgenaufnahmen vorgenommen?

Die Logopädin führt nun eine klinische Schluckabklärung durch und überprüft nach einem Anamnesegespräch die am Schluckvorgang beteiligten Organe, die Motorik des Gesichtes und der Zunge, die Kraft der Lippen und die Kraft und die Koordination aller beteiligten Organe. Es wird beobachtet wie der Patient mit dem Speichel umgeht. Kann dieser spontan und regelmässig geschluckt werden, befinden sich Speichelansammlungen im Mund- oder Kehlkopfbereich oder kann der Speichel durch Räuspern oder Husten entfernt werden? Bewegen sich der Kehlkopf und Zungengrund funktionsgerecht? Wie sind die Leistungen im Bereich Sensibilität und Wahrnehmung?

Die Beobachtungen während des eigentlichen Schluckversuches werden genau protokolliert und festgehalten. Der Patient erhält dazu je nach Ausgangslage wenig Wasser oder einen Bissen pürierte oder festere Nahrung. Ein sogenannter Wassertest erlaubt eine Einteilung in keine, leichte, und mittelgradige bis schwere Schluckstörung und liefert damit bereits aussagekräftige Ergebnisse. Der Patient trinkt in guter Sitzposition 50 ml Wasser in sukzessiven Schlucken von 5 ml aus einem geeigneten Glas oder Becher. Falls notwendig wird die Flüssigkeit dem Heimbewohner mit einem Löffel verabreicht. Nach dem Schlucken 5 Minuten auf mögliche Aspirationshinweise achten (siehe folgende Seite).

2 Therapeutische Maßnahmen

2.1 Haltung und Sitzpositionen

Die Optimierung der Haltung und damit der Sitzposition ist eine äußerst wichtige Hilfestellung und Voraussetzung sowohl für die Therapie als auch als Grundlage bei jedem Essen der Heimbewohner mit Kau- und Schluckstörungen. Die bestmögliche Ausgangsposition des Betroffenen erlaubt eine ausgeglichene Körperspannung, die sich direkt auf die Schluck- und Kaumuskulatur auswirkt.

Die Grundvoraussetzung ist eine aufrechte **Sitzhaltung**, bestenfalls auf einem soliden und bequemen Stuhl oder einem gut angepassten Rollstuhl. Der Oberkörper ist gerade aufgerichtet. Die Kopfkontrolle des Patienten muss gewährleistet sein. Der Kopf ist leicht nach vorne geneigt und das Kinn richtet sich in Richtung Brustkorb. Das Becken ist im 90°- Winkel gerichtet und der Rücken wird gegebenenfalls mit einem Kissen gestützt. Die Füße sind hüftbreit auf dem Boden aufgestellt.

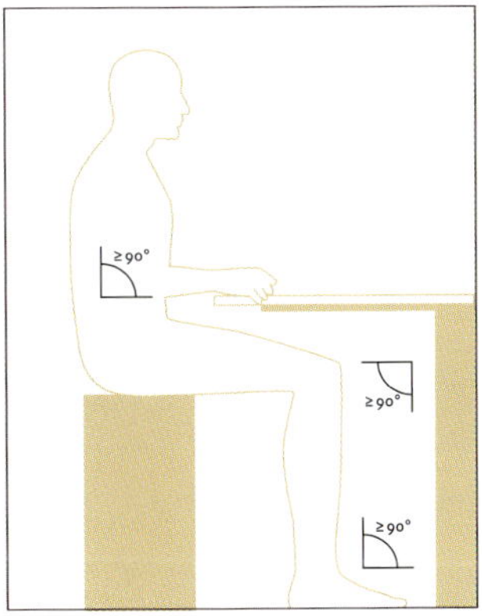

Aufrechte Sitzhaltung

Bei einem Rollstuhl wird, wenn möglich, auf die Fußstützen verzichtet oder diese so eingestellt, dass ein 90°- Winkel in den Knien erreicht wird.

Dreifacher 90°-Winkel:

- Fuß/Unterschenkel
- Unter-/Oberschenkel
- Oberschenkel/Körperstamm

Wichtig ist dabei, dass der Heimbewohner seine Füße und Beine gut spürt und diese als Halt wahrnehmen kann. Unterarme werden zusätzlich auf die Tischplatte gelegt, so dass der Schluckpatient zusätzliche Stabilität erlangen kann.
Falls es dem Heimbewohner nicht mehr möglich ist, das Bett zu verlassen, kann eine gute Sitzposition auch im Bett erreicht werden. Der Aufwand, den Heimbewohner mit zusätzlichen Kissen und Rollen zu stützen, darf auf keinen Fall gescheut werden. Die Körperspannung sollte in der zu erreichenden Sitzposition möglichst ausgeglichen sein. Die Knie werden mit einer Rolle unter den Kniekehlen gestützt, so dass diese nicht ganz durchgestreckt sind. Das Becken wird, wie beim Sitzen auf dem Stuhl, aufgerichtet. Die Arme können

mittels einer langen Rolle, die hinter dem Rücken hindurch geführt wird, rechts und links unterstützt werden. Der Rücken kann auch ohne die Armstütze mit einem flachen Kissen gestützt werden. Je nach Fähigkeit der Kopfkontrolle des Heimbewohners muss auch der Nacken mit einer kleinen Rolle oder einem kleinen flachen Kissen gestützt werden. Oftmals wird durch eine gute Ausgangslage des gesamten Körpers eine Kopfkontrolle überhaupt möglich.

Grundsätzlich wird sowohl sitzend auf dem Stuhl wie auch im Bett nach dem Prinzip „von Fuß bis Kopf" vorgegangen. Die Optimierung der Körperhaltung beginnt bei den Füßen und endet bei einer ausgeglichenen Spannung der Schluck- und Kaumuskulatur. Die Zusammenarbeit mit einer Physiotherapeutin oder der Beratung durch dieselbe ist in vielen Fällen sehr hilfreich, da sich doch jede körperliche Einschränkung eines Betroffenen wieder individuell auf die Spannungsverhältnisse und die motorischen Voraussetzungen des Schluckpatienten auswirkt.

Eine wiederholte Haltungskorrektur der Rumpf- und Nackenmuskulatur während des Essens kann nötig werden, wenn der Patient unruhig ist oder sich die Streck- und Beugespannung zum Beispiel durch eine Hustenattacke erhöht.

In den folgenden Kapiteln werden die therapeutischen Verfahren in die drei Schwerpunkte: Wiederherstellung, Kompensation der Schluck- und Kaumuskulatur und Anpassung der Kost und der Essenssituation, eingeteilt und erläutert. [2]

2.2 Therapieverfahren zur Wiederherstellung der Schluck- und Kaufunktionen (Restituierende Therapieverfahren)

Das übergeordnete Ziel dieser Therapieverfahren ist die vollständige oder teilweise **Wiederherstellung** der gestörten motorischen und sensorischen Funktionen des Betroffenen.

[2] Verschiedenste Fachspezialisten haben sich mit Theorie und Therapie von Schluckstörungen und deren Begleitstörungen auseinandergesetzt. Die Beschreibung all dieser Richtungen würde den Rahmen dieser kurzen Übersicht sprengen. Weiterführende Literatur findet sich im Anhang dieses Beitrags.

Die Zielbewegungen und Bewegungsmuster der **Gesichts- und Zungenmuskulatur** werden trainiert. Die Therapieschwerpunkte dieses Verfahrens umfassen **Stimulationstechniken und motorische Übungen**. Die Bewegungen erfolgen dosiert im Gleichgewicht zwischen maximaler Muskelanspannung und -entspannung. Nach jeder Übung ist die Entspannung genauso wichtig wie die vorangehende Spannung. Durch Dehnungen oder gegebenenfalls durch Verwendung von Kälte- oder Wärmereizen werden Gesichts- oder Zungenmuskeln stimuliert und mobilisiert. Grundsätzlich werden unerwünschte Reflexe, wie zum Beispiel der Beißreflex und Mitbewegungen im Gesichts- und Zungenbereich gehemmt und erwünschte Bewegungen angebahnt.

Die passiven **Stimulationstechniken** werden bevorzugt in der Frührehabilitationsphase angewandt, wenn viele Patienten noch bewusstseinsgestört sind. Der Bewusstheitszustand kann dadurch verbessert, die Verständigung angebahnt und die Beweglichkeit der Kau- und Schluckmuskulatur angeregt werden. Eine wichtige Übung ist die so genannte Quadrantenstimulation. Die Logopädin massiert mit dem Zeigefinger mit einem feinen latexfreien Gummihandschuh oder einem Fingerling alle vier Seiten, oben rechts und links, unten rechts und links das Zahnfleisch oberhalb bzw. unterhalb der Zähne mit festem Druck von vorne nach hinten und wieder zurück. Bei jeder einzelnen Seite wird nach zirka drei Massagebewegungen der Finger am hinteren Ende der Zahnreihe gedreht und die Wangentaschen ebenfalls mit kreisenden Bewegungen ausgestrichen.

Durch Stimulationstechniken wird die Schluckfrequenz erhöht und damit die Speichelkontrolle verbessert. Eine verringerte Schluckhäufigkeit ist eine häufige Begleiterscheinung der Kau- und Schluckstörungen.

Bei wacheren und kooperativen Patienten kann auf einer aktiven Mitarbeit aufgebaut werden. Die Heimbewohner mit Kau- und Schluckstörungen arbeiten gerne und intensiv mit, vor allem wenn ihnen klar ist, aus welchem Grund die Gesichts- oder Zungenbewegungen geübt werden. In dieser Situation kann der betroffene Heimbewohner auch selbstständig üben und so zusätzlich die Fortschritte unterstützen. Patient und Heimbewohner können, gegebenenfalls unterstützt durch die Pflegenden, ein Übungsprogramm zusammenstellen, das am besten täglich durchgeführt wird. Fotos oder Bilder sind dabei sehr hilfreich.

2.3 Therapieverfahren zur Kompensation der Schluck- und Kaufunktionen (Kompensatorische Therapieverfahren)

Der physiologische Mechanismus des Schluckaktes wird direkt während des Schluckens durch **Haltungsmodifikationen** verändert, dadurch wird das Schlucken erleichtert und die Aspiration von Speichel, Nahrung und Flüssigkeit verhindert. Dabei handelt es sich meistens um Haltungsänderungen des Kopfes in optimierter Sitzhaltung, sofern der Betroffene über eine genügende Kopfkontrolle verfügt. So wird zum Beispiel der Kopf auf die betroffene gelähmte Seite gedreht, so dass der Bissen über die gesunde Seite abgeschluckt werden kann.
Je nach Störungsbild werden spezielle **Schlucktechniken** angewandt. Im gegebenen Rahmen sei nur auf das kräftige Schlucken und das supraglottische Schlucken hingewiesen. Durch das kräftige Schlucken sollen die Schubkraft der Zunge und damit der Transport der Nahrung Richtung Rachen verbessert werden. Durch das supraglottische Schlucken wird das willkürliche Schließen der Stimmlippen und der Taschenfalten verstärkt, was zu einem verbesserten Verschluss des Kehldeckels führt. Die Gefahr einer Aspiration wird minimiert. Für diese Technik braucht es Kooperationsfähigkeit und Einsicht des Betroffenen, da sie in drei Schritten ausgeführt werden muss. Erstens wird der Atem während des Schluckens willkürlich angehalten, zweitens wird nach dem eigentlichen Schlucken sofort kräftig gehustet, um mögliche Speisereste aus dem Kehlkopfbereich zu entfernen und drittens wird anschließend nachgeschluckt, um Speisereste vollständig zu schlucken.
Vor allem bei der eingeschränkten Hebung und Beweglichkeit des Kehlkopfes wird das so genannte **Mendelsohn-Manöver** mit den betroffenen Heimbewohnern eingeübt. Dabei handelt es sich mehr um eine therapeutische Übung als um eine Technik, die während des Schluckens trainiert wird. Der Kehlkopf wird während des Schluckens nach vorne und oben

ein paar Sekunden quasi festgehalten, um Kraft und Beweglichkeit zu stärken. Lesen Sie im Kapitel „Fallbeispiel" wie und mit welchem Erfolg sich das Training unter anderem mit dieser Übung auswirkt.

2.4 Therapieverfahren zur Anpassung der Kost an die Kau- und Schluckfunktionen (Adaptierende Therapieverfahren)

Die Therapieverfahren zur **Anpassung der Kost an die Kau- und Schluckfunktionen** können nur in enger Zusammenarbeit mit den Pflegenden und vor allem mit dem Küchen- oder Diätverantwortlichen einer Institution gemeinsam realisiert werden. Die Umwelt, das heißt die Kostform, Konsistenz der Flüssigkeiten, der Ort des Essens, die Art der Präsentation auf dem Teller oder mittels Tasse wird an die Menschen mit Kau- und Schluckstörung angepasst. Jeder Schluckpatient hat Anspruch auf vollwertiges frisches und wohlschmeckendes Essen. Bei allen Kostformen wird von einer vollwertigen gesunden Ernährung ausgegangen.

Die anzupassende Nahrungsbeschaffenheit orientiert sich an der differenzierten Diagnose der jeweiligen Kau- und Schluckstörung und wird immer wieder individuell adaptiert. Dies kann bereits während der wiederherstellenden und der kompensatorischen Therapieverfahren geschehen oder wird als einzig verbleibende Hilfestellung eingesetzt. Je nach Verlauf einer Schluckstörung kann die Kost wieder aufgebaut werden oder muss stufenweise den Möglichkeiten des Menschen mit einer Schluckstörung angepasst werden.

Liegen der Schluckstörung **Wahrnehmungs- und Sensibilitätsstörungen** zu Grunde, ist zu beachten, dass Komponente um Komponente gereicht wird und diese nicht innerhalb des Gerichtes gemischt werden. Die Umstellung von flüssig auf festere Kost beansprucht die Wahrnehmungsleistungen zusätzlich. Hitze und Kälte können bei Wahrnehmungsstörungen überhöht oder vermindert wahrgenommen werden und müssen je nach Kau- und Schluckstörung zusätzlich beachtet werden.

Auf weitere Maßnahmen wie Nasensonden und Magensonden, künstliche Ernährung und Luftröhrenschnitt (Tracheotomie) kann im Rahmen dieses Buches nicht eingegangen werden.
Im Zusammenhang mit Schluckstörungen werden hier, neben den allgemeinen diätetischen Maßnahmen, die in diesem Buch ausführlich beschrieben werden, vor allem die **gewürfelte, die pürierte und die fein passierte Kost** und die Flüssigkeitsstufen erwähnt.

Die **leichte, halbweiche bis feste Kost** (Normalkost) ist indiziert bei

- leichten Störungen des Kauens und/oder der Schluckphase im Rachen,
- Fortschritten im Kostaufbau.

> **!** Nicht geeignet sind grobkörnige, krustige, klebrige oder zähe Konsistenzen wie Brot mit harter Kruste, Kuchen mit Nussstücken, rohe Karotten, Beeren mit Körnern, sehr trockenes Fleisch, Fisch oder Fleisch, das paniert oder scharf gewürzt ist, Nahrungsmittel, die mit Kernen, Körnern versehen sind oder Produkte mit hohem Schalenanteil.

Die **gewürfelte Kost** oder weiche Kost ist indiziert bei

- mittleren Störungen des Kauens,
- der reduzierten Kontrolle des Bissens,
- je nach Einzelfall bei mittelgradiger Beeinträchtigung der Schluckphase im Rachen.

> **!** Nicht geeignet in dieser Phase sind grobkörnige, krümelige, faserige oder klebrige Konsistenzen wie zum Beispiel Brot mit harter krustiger Rinde, feine Nudeln, Fisch oder Fleisch, das paniert oder scharf gewürzt ist, Nahrungsmittel, die mit Kernen, Körnern versehen sind oder Produkte mit hohem Schalenanteil.

Die **pürierte** Kost ist indiziert bei

- erfolgreichen Versuchen der fein passierten Kost,
- den erwähnten Störungsbildern der fein passierten Kost, falls der Schluckpatient erste Fortschritte beim Kauen oder Schlucken erzielen konnte.

> **!** Nicht geeignet in dieser Phase sind ähnliche Konsistenzen wie in der fein passierten Kost, körnige, faserige oder klebrige Konsistenzen, Blattgemüse und Salate, Ananas und Zitrusfrüchte.

Die **fein passierte Kost** ist indiziert bei

- ersten Essversuchen,
- schwersten bis schweren Störungen des Kauens,
- der gestörten Kontrolle des Bissens im Mund,
- der verzögerten Auslösung des Schluckreflexes,
- eingeschränktem Verschluss des Kehldeckels,
- eingeschränkter einschnürender Kontraktion der Speiseröhre.

> **!** Nicht geeignet sind körnige, faserige oder klebrige Konsistenzen wie Reis, Teigwaren, Spargel, es sei denn, die Lebensmittel sind nach den Grundsätzen von Smoothfood zubereitet (siehe dazu die spezifischen Kapitel).

Wichtig ist die Tatsache, dass bei fein passierter und bei pürierter Kost die **ernährungsphysiologischen Anforderungen** für eine längerfristige Kost nicht gegeben sind. Wenn es die Einschränkungen im Schluck- und Kaubereich erlauben, soll wieder auf die nächsthöhere Stufe gewechselt werden, da durch das Kauen die Nahrung besser eingeschleimt und leichter geschluckt werden kann. Wenn die Patienten keine vollständige Mahlzeit bewältigen können, wird die Nahrung bei der feinpassierten und pürierten Kost kalorienangereichert oder mit Zusatz- und Ergänzungsnahrung versehen.

Portionierung des Bissens für die optimale Positionierung im Mund

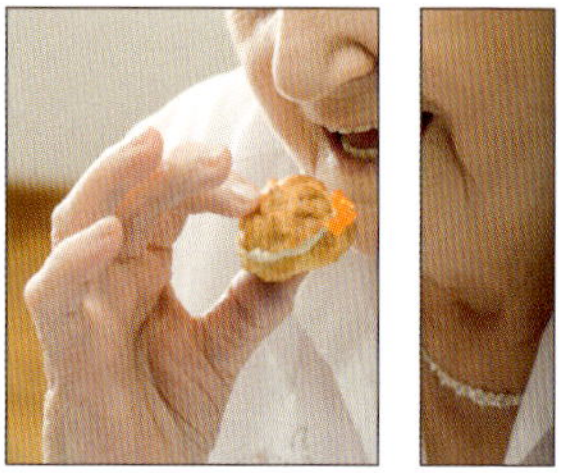

Die **Flüssigkeitsstufen** werden abhängig vom individuellen Bild der Schluckstörung angepasst. Die Fließfähigkeit von Getränken, Saucen und Suppen kann in die folgenden Flüssigkeitsstufen eingeteilt werden:

- Dünnflüssige normale Flüssigkeiten, einschließlich Tee und Kaffee,
- nektarartige, honigartig eingedickte Flüssigkeiten wie Fruchtnektar und eingedickte Saucen und Suppen,
- cremige, eingedickte, durchgesiebte Flüssigkeiten wie durchgesiebte Cremesuppen und Trinkjoghurt ohne Fruchtstücke, besonders empfehlenswert bei Schluckstörungen ist die von den Verfassern des Buches eingeführte Schaumkost.
- Keine Flüssigkeiten (Karenz). Dazu gehören auch Suppen, Kompottsaft und Saucen sowie das Spülwasser beim Zähneputzen!

Auch Suppen, Kompottsaft, Saucen und das Spülwasser beim Zähneputzen stellen Flüssigkeiten dar. Bei Vorliegen einer Verordnung, einem Heimbewohner keine Flüssigkeiten zu verabreichen, fallen auch Suppen hierunter. Dass diese Flüssigkeiten trotzdem immer wieder verabreicht werden, ist ein Erfahrungswert aus der Praxis.

Ess- und Trinkhilfen

Ess- und Trinkhilfen

So wie der Heimbewohner Anspruch auf ein vollwertiges, frisches Essen hat, hat er ebenso Anspruch auf eine ästhetisch ansprechend angerichtete Mahlzeit auf einem schönen Teller oder in einer hübschen Tasse. Natürlich müssen aus funktionellen Gründen Kompromisse ausgearbeitet werden, trotzdem dürfen die Grundsätze einer schön gedeckten Tafel nicht außer Acht gelassen werden.

Die Angebote von Ess- und Trinkhilfen auf dem Markt sind sehr vielfältig und wirken auf den ersten Blick oft vielversprechend. Es ist jedoch wichtig, dass vom Menschen mit seiner individuellen Kau- und/oder Schluckstörung ausgegangen wird und nicht unreflektiert ganze Stationen mit Schnabeltassen ausgerüstet werden. Gerade Schnabeltassen führen nicht zum physiologisch gewünschten Schluckmuster und können sich je nach Störung völlig kontraproduktiv auswirken. Der Schluck aus der Schnabeltasse gelangt unkontrolliert und oftmals zu schnell zu weit nach hinten in den Rachenraum und der Schluckreflex wird erst ausgelöst, wenn unter Umständen Tropfen der Flüssigkeit bereits in den Kehlkopf und damit in die Luftröhre gelangt sind.

Im Rahmen dieses Buches kann nicht auf das vollständige Sortiment aller Ess- und Trinkhilfen eingegangen werden. Im Folgenden nur einige Beispiele, die sich in der Praxis bewährt haben:

- **Becher oder Tassen mit Nasenausschnitt**

  Aus engen Gläsern oder Tassen trinken wir normalerweise indem wir den Kopf nach hinten kippen, da uns die Nase beim Trinken im Weg ist. Der Kehlkopf wird dabei gedehnt und ein regelgerechtes Schlucken wird für einen Schluckpatienten zusätzlich erschwert. Um die Neigung des Kopfes nach vorne zu gewährleisten, eignet sich ein Becher, der im Durchmesser etwa dem Abstand zwischen Mund und Nasenwurzel entspricht. Wichtig ist bei dieser Art Becher der Nasenausschnitt auf der einen Seite des Bechers. Die Essbegleitung kann mit diesem Becher besser einsehen, wann die Flüssigkeit genau die Lippen des Patienten berührt und wie groß der einzelne Schluck ist. Mittlerweile sind auch im Handel diverse Becher mit unterschiedlichem Fassungsvermögen erhältlich. Leider sind sie häufig aus Kunststoff hergestellt. Ausnahme sind die Produkte der Porzellanfabrik Walküre, Linie Unisono-Porzellanbecher mit Nasenausschnitt. Selbst hergestellte Becher können zumindest als Probebecher sinnvoll sein. Die Becher sollten vor dem Zuschneiden am besten mit einem Haarfön erwärmt werden. Nicht jeder Patient kann jedoch die Vorteile eines solchen Bechers umsetzen.

- **Dosierbecher**

  Die Dosierbecher sind in der Regel mit einem oder mehreren Deckeln versehen, der verschieden große Trinklöcher aufweist. Für Patienten, die bei zu großen Schlucken aspirieren, kann die kontrollierte Abgabe des Flüssigkeitsvolumens hilfreich sein.

- **Trinkhalme oder Trinkröhrchenaufsätze**

  Um die Gefahr des Verschüttens von Getränken zu verhindern, wird auf geschlossene Becher mit Trinkhalmen oder Trinkröhrchenaufsätzen zurückgegriffen. Aus Sicht der Pflegenden verständlich, für einen Schluckpatienten kann das Trinken mit einem Trinkhalm zusätzliche Hürden bereiten. Erstens haben ältere Menschen oft seit Jahren nicht mehr mit einem Trinkhalm getrunken, sie sind also nicht mehr an das außergewöhnliche Schluckmuster gewöhnt. Zweitens ist die Flüssigkeit, wie bereits erwähnt, viel schwieriger zu kontrollieren und gelangt unvermittelt zu weit hinten in den Rachen.

Häufig verleiten Trinkhalme, aber auch Schnabeltassen dazu, dem Schluckpatienten in liegender Position Getränke einzuflößen. Wegen Aspirationsgefahr ist darauf zu verzichten.

- **Trinkhilfen**
  Vor allem bei Patienten mit teiloperierten Zungen können Trinkhilfen, seien das speziell hergestellte Flaschen mit Schläuchen und Mundstücken oder Spritzen mit einer verlängerten Spitze aus Kunststoff, die einzige Möglichkeit sein, wie der Betroffene überhaupt noch Lebensmittel zu sich nehmen kann. Die Nahrung kann auf diese Weise genau an der gewünschten Stelle auf der Zunge platziert werden.

- **Teller mit erhöhtem Rand**
  Patienten mit einer Halbseitenlähmung oder einer fehlender Koordination von Arm und Hand erleichtert ein Teller mit erhöhtem Rand die selbstständige Aufnahme von Mahlzeiten vom Löffel oder der Gabel. Der Rand ersetzt das Schieben mit dem Messer. Der ästhetisch gelungenen Porzellanlösung von der Porzellanfirma Walküre, Linie Unisono ist gegenüber den unansehnlichen Plastikvarianten sicherlich der Vorzug zu geben. Aber auch hier gilt es, eine individuell an den Menschen mit Schluckstörungen angepasste Lösung zu finden.

- **Unterlagen und Ess-Set**
  Diverse **Unterlagen** aus unterschiedlichen Materialien verhindern das Rutschen von Tellern, Tassen und Bechern. Dies sollte bei fehlender Arm- und Handkoordination unterstützend eingesetzt werden.
  Im Spital wie auch in Alters- und Pflegeheimen taucht immer wieder die Situation auf, dass verschiedene Personen die Essbegleitung übernehmen. Hilfestellung zur Esseneingabe oder therapeutische Ziele, die in die täglichen Esssituationen integriert werden, gehen häufig verloren. Ein einfach und ansprechend gestaltetes eventuell la-

miniertes **Ess-Set** kann dabei Abhilfe schaffen. So können Instruktionsanweisungen, zum Beispiel Ziele, Haltungsanpassungen und Schlucktechniken auf der rechten Setseite schriftlich festgehalten werden und sind für jeden Pflegenden ersichtlich.

- **Bestecke**
  Mit verstärkten Griffen – aus Kunststoff oder aus Moosgummi zurechtgeschnittene Griffvergrößerungen – lassen sich normale Bestecke für Heimbewohner mit schwacher oder eingeschränkter Greiffunktion herstellen. Biegsame Bestecke, die sich individuell anpassen lassen, Messer mit Faustgriffen und diverse andere Hilfsbestecke werden im Handel angeboten. Generell gilt, größeres oder schweres Besteck geben, vor allem bezogen auf Wahrnehmungsstörungen, mehr Informationen als kleines und leichteres Besteck.

- **Schiebelöffel**
  Der Schiebelöffel wird für die Platzierung der Nahrung auf der Zunge verwendet, beim Patienten mit einer Zungenlähmung oder einer teiloperierten Zunge nach Tumorentfernung. Neben der Variante, die im Handel bezogen werden kann, besteht die Möglichkeit, den Schiebelöffel aus einer 20-ml-Plastikspritze selbst herzustellen (Bartholome et al. S. 347). So kann der Nutzen bei einem Schluckpatienten ausprobiert werden, bevor ein handelsübliches Produkt gekauft wird.

3 Essensbegleitung oder assistiertes Essen

3.1 Beziehung zum Heimbewohner während der Essbegleitung

Die Beratung der Pflegenden oder der Angehörigen ist, neben den therapeutischen Interventionen, für die Logopädin ein Instrument, um das ganze Umfeld in den Prozess der Essensbegleitung einzubinden. Ein wichtiges Ziel dabei ist die Schulung des Bewusstseins der Personen, die dem betroffenen Menschen Hilfestellungen geben, um in dieser intimen

Situation dem Betroffenen gerecht zu werden. Eine freundliche, offene Haltung des Essbegleiters ist die Grundlage der Esssituation. Die besonders intime Situation des Esseneingebens darf nicht zu einem „Füttern" des Heimbewohners verkommen. Die innere Haltung gegenüber dem Betroffenen muss wohlwollend, einfühlsam und konzentriert sein.
Zur eindrücklichen Illustration einer Essenssituation sei hier ein Ausschnitt aus dem Buch „Ivan" von Ivan Vaughan zitiert: „Die erzählte Geschichte eines bemerkenswerten Mannes und seines Kampfes gegen die Parkinsonsche Krankheit".

Aus dem Kapitel „Sophie füttert mich"…

„Zum Füttern eines anderen Menschen ist viel Geschicklichkeit nötig. (…) Der Ärger ist nur, dass Nahrungsmittel in Beschaffenheit, Struktur und Geschmack unterschiedlich sind, und die Sache wird noch dadurch komplizierter, wie die gefütterte Person sich fühlt – ob sie Hunger hat oder nicht, ob ihr das Schlucken schwer oder leicht fällt. (…) Der erste Bissen kam zu schnell, traf meine geschlossenen Lippen, wurde sofort halb zurückgezogen, und ein Löffel voll Essen schwebte über dem Freiraum zwischen Teller und Mund. Ich war wie versteinert, sprachlos, brachte statt Wörter nur winzige, knackende Geräusche heraus, um mit Sophie Blickkontakt aufzunehmen und sie dazu zu bringen, den Löffel über den Teller zu halten. Ich versuchte vergeblich, ihre Aufmerksamkeit auf meine Augen zu lenken und, mit einem Ausdruck von Hoffnung, dass sie es merken würde, was ich meinte, bevor noch mehr Bohnen und Soße auf meinen Schoß tropften.
Sie war damit beschäftigt, in die Zeitung zu gucken. Meine Beine waren angespannt, ich erwartete das happenweise Runterfallen des Essens. Mit einer riesigen Anstrengung zog ich Kraftreserven aus meinen Beinen ab und pumpte sie in meine Stimmmuskulatur. Ich baute mich psychisch mit dem Ritual eines fünffachen Ploppens mit den Lippen auf und schaffte es schließlich, ein laut geflüstertes „Soph!" hervorzubringen.
Sie drehte kurz den Kopf, schob den Löffel in meine Richtung und dann zwischen meine immer noch geöffneten Lippen. Der Löffel aus rostfreiem Stahl klapperte gegen meine kostbaren, noch nicht überkronten Vorderzähne.

„Ich dachte, du sagst mir, wenn du bereit bist". Ich schüttelte den Kopf um anzuzeigen, dass es nicht das war, was zu sagen ich versucht hatte, und starrte auf meinen Schoß.
„Oh, Entschuldigung" sagte sie, als sie die Flecken auf meiner Hose sah. Sie legte den Löffel auf den Teller zurück und wandte sich wieder der Zeitung zu. Meine Muskeln lösten sich aus dem Krampf, der durch die Erwartung verursacht worden war, dass ein ganzer Löffel Essen auf mich fallen würde, und ich konnte wieder sprechen.
„Soph, bitte konzentriere dich. Hol ein Küchenhandtuch und nimm den großen Löffel". Ich nahm mir wieder einmal vor, in die Stadt zu fahren, um eine lange Schürze zu kaufen, die das Essen auffing, das die anderen Leute auf mich fallen ließen.
Sie kam mit einem Küchentuch zurück, das sie unordentlich auf meinen Schoß fallen ließ. Ein paar Stellen blieben unbedeckt... ich wusste, dass ich jeden Grad, um den ihre Reizbarkeit stieg, mit verschüttetem Essen, Stößen an den Mund oder übervollen Löffeln bezahlen musste. Sie machte das nicht absichtlich. Bei den nächsten Happen, jeder ungewöhnlich groß, ging es ohne Missgeschick ab." *(Ende des Zitates)*

Anschließend wird die Essen eingebende Sophie von einer Freundin abgelenkt und lässt den Löffel vor Ivans Gesicht in der Luft stehen und beginnt während des Sprechens mit der Freundin sogar drehende Bewegungen mit dem Löffel in die Luft zu malen. Das Küchentuch rutscht auf den Boden. Es ist eine qualvolle Situation im inneren Konflikt des Patienten zwischen dem Wunsch unabhängig zu sein und der Notwendigkeit, dass sich andere Menschen um seine Bedürfnisse kümmern.
Bei einer unreflektierten rituellen Routine gegenüber dem Heimbewohner bei Aktivitäten des täglichen Lebens und insbesondere bei der intimen Situation des Esseneingebens kann sogar von einer Form von Gewalt gesprochen werden. Ess- und Trinkhilfen werden vorenthalten, die persönlichen lebenslangen Essgewohnheiten werden missachtet, es wird zu schnell „gefüttert" und es wird nur routinemässig passierte Kost angeboten.
Um solche Missstände zu vermeiden ist es sehr wichtig, dass geklärt wird, wer für den jeweiligen Schluckpatienten verantwortlich ist. Die Delegation des Essenseingebens von ei-

ner Fachkraft an eine angelernte Hilfskraft muss gut vorbereitet, instruiert und überwacht werden. Die Kostanpassungen werden immer wieder schriftlich festgehalten und mit der Küche abgesprochen.

3.2 *Die Vorbereitung*

Die Ausgangssituation einer Mahlzeit wird durch diverse Vorkehrungen optimiert:

- Eine **ruhige Esssituation** ohne zusätzliche Reize wie Radio oder laute überfüllte Speisesäle ermöglicht einem auditiv leicht ablenkbaren Schluckpatienten sich auf die Mahlzeit zu konzentrieren. Bei visuell ablenkbaren Menschen kann die Positionierung des Essplatzes in Richtung Wand sinnvoll sein.

- Wie bereits im Abschnitt „Ess- und Trinkhilfen" und im Kapitel „Die fünf Phasen des Schluckens" erwähnt, beeinflusst der Geschmacks- und Geruchssinn die Speichel- und Magensaftproduktion. Eine **ästhetisch** schön angerichtete, wohlriechende und fein schmeckende Mahlzeit regt den Appetit an und motiviert den Heimbewohner zu essen.

- Bei Patienten mit eingeschränktem Gesichtsfeld ist die **Positionierung des Tellers** auf dem Tisch zu beachten.

- Nötige **Hilfsmittel** werden bereitgestellt.

- Die **Körperhaltung** wird optimiert (siehe 2.1 Haltung und Sitzposition) und auch während des Essens immer wieder beobachtet und angepasst. Ebenso werden auf die Sitzposition und Körperhaltung der Essassistenz geachtet. Die Pflegende soll auch bei einer langen Essensdauer nicht ermüden und dem Betroffenen ruhig die Zeit geben können, die er für eine Mahlzeit braucht.

- Mögliche übermäßige Speichelproduktion wird kontrolliert, da übermäßiger **Speichel** oder viel Sekret den Transport des Bissens behindern kann. Dabei werden auch Atemgeräusche beachtet und der Schluckpatient gegebenenfalls zum Abhusten aufgefordert. Sehr trockene Mundhöhlen werden mit einem kleinen Schwamm oder einer Zahnbürste gereinigt und damit die Speichelproduktion angeregt.

- Auf guten Halt der **Zahnprothesen** achten.

- Patienten mit schweren Hirnschäden, die häufig mit **Wahrnehmungsstörungen** einhergehen, werden auf die Essenssituation vorbereitet, indem vor dem Essen taktile Reize gesetzt werden. So werden die Finger des Patienten zum Beispiel zu seinem Mund oder in einem weiteren Schritt in den Mund des Patienten geführt. Das Essen selbst wird ertastet, ein Joghurt geöffnet, ein Apfel erspürt, eventuell die Karotten sogar selbst geputzt. Oder das Essbesteck wird durch die Begleitperson in der Hand des Betroffenen mitgehalten und die Bewegung des Löffels zum Mund wird mitgeführt. Abwehrreaktionen und Ablehnung gegenüber dem Essen können dadurch vermindert oder vermieden werden. Ein demenziell erkrankter Mensch will eigentlich Essen, findet jedoch den Zugang zu den Speisen nicht mehr.

- Die Einhaltung der zeitgerechten Abgabe von **Medikamenten** ist zum Beispiel bei Parkinson-Patienten sehr wichtig, da sich während der Spitze die Wirksamkeit der Medikamente am stärksten auf die Koordination und Kraftdosierung der Kau- und Schluckmuskulatur auswirkt.

Eine ausführlichere und mit Fallbeispielen versehene Fassung dieses Beitrags steht unter www.lambertus.de Stichwort „smoothfood" als Download zur Verfügung.

Prophylaxe

Verschiedene Maßnahmen können helfen, Schluckstörungen beziehungsweise ihre Ursachen gar nicht erst entstehen zu lassen. Einige Maßnahmen können durchaus in einer lustvollen Art in Aktivierungsaktivitäten in Alters- und Pflegeheime integriert werden:

- Eine gesunde Lebensweise mit vitaminreicher und abwechslungsreicher Kost dient der allgemeinen Gesunderhaltung und kann bei der Vorbeugung hilfreich sein.
- Das Rauchen und der Konsum von reichlich, vor allem hochprozentigen Alkoholika sind Hauptursachen für das Entstehen von bösartigen Tumoren im Mundhöhlen- und Rachenraum. Operative Entfernung von Tumorgewebe führt häufig zu Schluckstörungen. Ein Rauchstopp und der Verzicht auf übermäßigen Alkoholkonsum sind zu empfehlen.
- Gesichts- und Zungengymnastik stärken die Muskulatur der Kau- und Schluckmuskulatur, lange Autofahrten oder einsame Spaziergänge eignen sich besonders gut. Warum nicht auch solche Übungen in eine Gymnastikstunde der Institution einbauen?
- Singen stärkt Gesichts- und Zungenmotorik und trainiert mit viel Lust die Atemmuskulatur.
- Lachen stimuliert das Zwerchfell, der wichtigste Atemmuskel, der auch den Husten kräftigt.
- Kräftiges Gähnen erzeugt zuerst eine erhöhte Spannung und führt anschließend zur Entspannung der Rachenmuskulatur.
- Gut angepasste Brillen und Prothesen vermeiden unnötige Fehlstellungen und Tics, die sich negativ auf Atmung und auf Schluck- und Kaumuskulatur auswirken.
- Nasenatmung und Mundschluss werden bewusst gemacht und zum Beispiel während dem Zuhören einer Radiosendung geübt.

Glossar

ALS: *Amyothrophe Lateralsklerose*

Aphagie: *gänzliches Fehlen des Schluckreflexes*

Apraxie: *Störung der Ausführung willkürlicher, zielgerichteter Bewegungen*

Aspirationspneumonien: *Lungenentzündung*

Demenz: *Oberbegriff für nachlassende geistige Fähigkeiten als Folge einer Hirnschädigung*

Dysphagie: *Störung des Schluckaktes*

Endoskopie: *Untersuchung von Körperinnenräumen*

Epiglottis: *Kehldeckel*

Fazialisnerv: *Gesichtsnerv (für die Motorik des Gesichtes verantwortlich)*

Larynx: *Kehlkopf*

Mendelsohn-Manöver: *Schluckübung zur willkürlichen Vergrößerung des Zungendruckes und der Kehlkopfhebung, um die Öffnung des oberen Speiseröhrensphinkters zu erleichtern*

Orale Phase: *Schluckphase des Mundes*

Orale Vorbereitungsphase: *Kauen und Vermischen der Speise mit Speichel*

Ösophagus: *Speiseröhre*

Ösophageale Phase: *Schluckphase der Speiseröhre*

PEG-Sonde (Perkutane Endoskopische Gastrostomie): *Die PEG-Sonde wird unter endoskopischer Kontrolle direkt durch die Bauchdecke in den Magen gelegt, um die Sondenernährung zu ermöglichen.*

Peristaltik: *Wurmartige aufeinander folgende Kontraktionen der Speiseröhre*

Pharynx: *Rachen (Kreuzung von Luft- und Speiseweg)*

Pharyngeale Phase: *Schluckphase des Rachens*

Präorale Phase: *Schluckphase vor der Aufnahme in den Mund*

Schluckreflex: *nicht willentlich steuerbarer, am Ende der oralen Phase beginnender Teil des Schluckens*

Silent Aspiration: *Verschlucken ohne äußere klinische Zeichen wie Husten*

Speiseröhrensphinkter: *ringförmiger Schließmuskel der Speiseröhre*

Trachea: *Luftröhre*

Tracheotomie: *Luftröhrenschnitt*

Valleculae und Sinus piriformis: *kleine Grübchen, die zwischen dem Zungengrund und dem Kehldeckel liegen.*

Vaskuläre Demenz: *auch Multi-Infarkt-Demenz genannt, ist eine Art Demenz, die von Durchblutungsstörungen im Gehirn ausgelöst wird.*

Literatur

Bartolome G., Schröter-Morasch H. (2006): Schluckstörungen, Diagnostik und Rehabilitation, 3. Auflage München

Nusser-Müller-Busch R. (2004): Die Therapie des Facio-Oralen Traktes - F.O.T.T. nach K. COOMBES, Berlin

Hotzenköcherle S. (2007): Funktionelle Dysphagie-Therapie, Idstein

Herbst W. (2002): Dysphagie, Schluckstörungen nach Schlaganfall und Schädel-Hirn-Trauma. Ein Ratgeber für Betroffene und Angehörige, Idstein

Schalch F. (1999): Schluckstörungen und Gesichtslähmungen, München

Castillo Morales R. (1998): Die Orofaziale Regulationstherapie, München

Affolter F. (1987): Wahrnehmung Wirklichkeit und Sprache, Villingen-Schwenningen

Vaughan, Ivan (1991): Ivan, Köln

smoothfood**schmecken**

smoothfood – die FEINE ART Essen zuzubereiten

Auf den guten Geschmack kommt es an

Als Geschmack wird der komplexe Sinneseindruck bei der Nahrungsaufnahme bezeichnet. Er setzt sich zusammen aus Geschmacksreizen und Geruchsempfindungen auf der Zunge.

Etwa 80 Prozent des empfundenen Geschmacks sind die Aromen einer Speise welche vom Geruchssinn wahrgenommen werden, nur rund 20 Prozent entstehen auf der Zunge. Daher führt eine gestörte Geruchswahrnehmung, zum Beispiel bei Schnupfen, generell zu einer deutlichen Beeinträchtigung der Geschmackswahrnehmung. Ein völliger Verlust des Geruchssinns (Anosmie) führt auch zum Verlust der Geschmacksempfindung.

Allgemeines

Bislang sind fünf grundlegende Geschmacksqualitäten wissenschaftlich anerkannt: süß, sauer, salzig, bitter und umami. Für jede dieser Geschmacksqualitäten wurden eigene Geschmacksrezeptoren auf der Zunge nachgewiesen. Die Existenz weiterer Geschmacksqualitäten wie fettig oder metallisch wird kontrovers diskutiert. Von den Rezeptoren in den Geschmacksknospen können nur Geschmacksstoffe wahrgenommen werden, die wasserlöslich sind und sich somit bei Kontakt mit dem Speichel lösen. Früher ging man fälschlicherweise von regelrechten Geschmackszonen auf der Zunge aus. Nach aktuellem Forschungsstand reagiert jeder Geschmacksrezeptor auf mehrere Geschmacksrichtungen, d. h. ein Rezeptor kann mehrere Geschmacksreize wahrnehmen, jedoch in unterschiedlicher Intensität. Daher wird Süßgeschmack auf der Zunge am stärksten im Bereich der Zungenspitze wahrgenommen, Saures und Salziges an den Zungenrändern und Bitteres im hinteren Zungenbereich.

Tatsächlich basiert aber nur ein kleiner Teil des Geschmacks auf den Wahrnehmungen der Geschmacksrezeptoren, rund 80 Prozent sind in Wirklichkeit flüchtige Aromastoffe, die über die Nase aufgenommen werden. Beim Essen beziehungsweise Kauen und dem

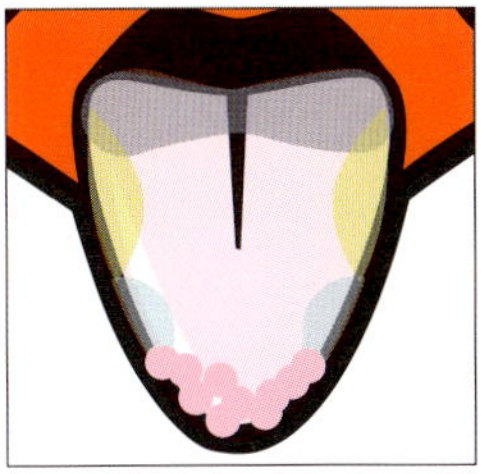

Hin- und Herbewegen einer Speise im Mund gelangen die flüchtigen Bestandteile über den Rachen in die Nasenhöhle, wo sie von den Riechsensoren analysiert und entsprechend zugeordnet werden.
Geruchs- und Geschmacksreize werden dann über Nervenfasern ins Gehirn geleitet, wo die Reize in der Großhirnrinde verarbeitet und in einen Geschmackseindruck umgewandelt werden.

Das Experiment
Dass der Geruchssinn, d. h. die olfaktorische Wahrnehmung, für das Geschmacksempfinden wichtiger ist als der Geschmackssinn, d. h. die gustatorische Wahrnehmung, zeigte ein Experiment, bei dem die Probanden mit verbundenen Augen eine Tasse heißes Wasser tranken, während gleichzeitig Kaffeeduft ins Labor geleitet wurde. Alle Teilnehmer waren überzeugt, Bohnenkaffee zu trinken. [3] Der Geschmack entsteht somit letztlich im Gehirn. Die biochemische Reaktion verläuft bei jedem Geschmacksreiz anders; die Verarbeitung süßer und bitterer Reize ist aufwändiger, so dass die Signalübermittlung etwa eine Sekunde dauert, während Saures und Salziges schneller erkannt wird.
Geschmacksreize werden nur dann erkannt, wenn ihre Konzentration die Wahrnehmungsschwelle überschreitet. Sie ist bei bitteren Substanzen am niedrigsten. Die Intensität des Geschmacksempfindens nimmt bei Fortdauer desselben Reizes ab, es findet eine Ge-

[3] Vgl. Fisher (2005)

wöhnung (Adaption) statt und damit sinkt die Bereitschaft, denselben Geschmack erneut wahrzunehmen. Je nach Intensität des Geschmacks hält dieser Gewöhnungseffekt nur Minuten oder Stunden an. Bei sauren oder salzigen Reizen findet jedoch keine vollständige Adaptation statt. Regelmäßiger Salzkonsum führt stattdessen zu einer geringeren Sensibilität für diesen Geschmacksreiz. Diskutiert wird dies auch für süße Substanzen.

Die Geschmackswahrnehmung wird durch die Temperatur der Speisen beeinflusst. Alle Geschmacksreize werden am besten bei Temperaturen zwischen 22 und 32°C geschmeckt. Süß und bitter werden bei einer Temperatur von 0°C nur noch schwach wahrgenommen. Der Hunger verringert die chemische Schmeckschwelle für Zucker und Chinin, während die Wahrnehmung der Geschmacksreize salzig und sauer nicht verändert wird. Was als „Schärfe" bei Speisen wahrgenommen wird, ist in Wirklichkeit gar kein Geschmack, sondern eine Schmerzempfindung auf der Zunge, ausgelöst durch bestimmte reizende Substanzen, in der Regel Capsaicinoide.

Chili enthält die geschmacklose Substanz Capsaicin, die beim Essen biochemisch die Thermorezeptoren der Trigeminusnerven im Mund stimuliert, welche daraufhin ein Schmerzsignal an das Gehirn senden. Dieselben Rezeptoren reagieren auf Wärmereize über 43°C, also auf zu heiße Speisen, bei denen man sich die Zunge verbrennt. Das Gehirn reagiert auf die Reizmeldung mit der Auslösung einer Schmerzempfindung auf der Zunge und schüttet zur Schmerzlinderung Endorphine aus, die angenehme Gefühle auslösen.

Wesentlich für das Geschmacksempfinden ist jedoch vor allem die individuelle Wahrnehmung von Geruchsstoffen. Für die Ausbildung der Geruchsrezeptoren sind insgesamt 51 Gene zuständig, von denen jedoch nie alle aktiv sind und sich teilweise, beispielsweise bei einer mangelhaften Beanspruchung, auch zurückentwickeln können. So hat ein Önologe, der regelmäßig Wein verkostet, eine weitaus präzisere Wahrnehmung von Geruchsstoffen.

Schärfe ist eine Schmerzempfindung

Anregung des Geschmacks durch Geruchstoffe

Das bedeutet für die Küche: Die Essensteilnehmer immer wieder mit Düften/Gerüchen rund um das Essen zu verführen und den Appetit zu fördern. Dies kann nur geschehen, wenn sich die Küche dem Bewohner nähert.

Geschmack und Biologie

Bei Menschen ist eine Präferenz für die Geschmacksqualitäten süß und umami bereits bei Neugeborenen vorhanden. Gleichzeitig liegt eine angeborene Aversion gegen Bitteres und Saures vor, die sich in einem mimischen Abwehrreflex und dem Versuch ausdrückt, entsprechende Flüssigkeiten auszuspucken. Für Salzgeschmack wird erst im Laufe des Heranwachsens eine gewisse Präferenz entwickelt, Säuglinge zeigen darauf im Normalfall keine ausgeprägte Reaktion.

Das gustatorische System hat eine wichtige biologische Funktion, denn es dient der Prüfung der Nahrung auf ihre Genießbarkeit, bevor sie geschluckt wird. Die Präferenz für Süß ist evolutionsbiologisch gesehen sinnvoll, denn süßer Geschmack ist an Kohlenhydrate gekoppelt, die eine wichtige Energiequelle darstellen. Außerdem schmecken in der Natur vorkommende Giftstoffe nicht süß, so dass dieser Geschmacksreiz bei der Nahrungsaufnahme Unbedenklichkeit signalisiert. Besonders süß sind in der Natur überreife Früchte und Honig.

Die angeborene Abneigung gegen Bitterstoffe entwickelte sich im Laufe der Evolution als Schutzfunktion vor giftigen pflanzlichen Substanzen, die meistens bitter schmecken. Die bevorzugte Geschmacksqualität umami zeigt eine tierische oder pflanzliche Protein-

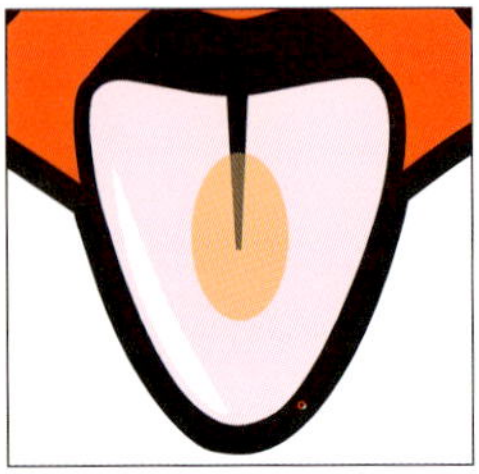

umami

quelle an. Salz ist wichtig für verschiedene Körperfunktionen, der Salzspiegel im Körper muss konstant bleiben, daher ist die Wahrnehmung von Salzgeschmack wichtig. Sauer ist in der Natur ein Hinweis darauf, dass Früchte noch nicht reif sind oder Nahrung verdorben ist. Dieser Geschmack wird daher von Kindern bis zum zweiten Lebensjahr abgelehnt.

Das gustatorische und olfaktorische System entwickelt sich beim Fötus bereits im Frühstadium der Schwangerschaft. Die Zunge mit den Geschmacksknospen entsteht im zweiten Schwangerschaftsmonat. Ab dem dritten Monat nimmt das Ungeborene den Geschmack des Fruchtwassers wahr; es trinkt davon täglich zwischen 200 und 760 ml. Schon vor der 28. Woche reagiert es nachweislich positiv auf süße Geschmacksreize und negativ auf Bitteres. Reaktionen auf Gerüche sind ab der 28. Woche beobachtet worden.

Da Muttermilch Milchzucker und Eiweiß enthält, schmeckt sie sowohl süßlich als auch umami, was den angeborenen Geschmackspräferenzen entspricht. In der Stillzeit werden Geschmacksvorlieben des Kindes nachweislich durch die Ernährung der Mutter beeinflusst, da Aromen der Nahrung in die Muttermilch übergehen. Bereits bekannter Geschmack von Lebensmitteln wird nach dem Abstillen bereitwilliger akzeptiert.

Das bedeutet für die Küche: Gerade im Bereich der demenziell veränderten Menschen sollte vermehrt mit süßen Grundstoffen gearbeitet werden. Das heißt, sich auch zu trauen eine braune Sauce mit Honig zu verfeinern, Kartoffeln leicht zu karamellisieren oder das Gemüse (z. B. Karotten) richtig mit Zucker zu glasieren.

Geschmack und Esskultur

Aufbauend auf den angeborenen Geschmackspräferenzen und -aversionen entwickeln sich der menschliche Geschmack und die Präferenz für bestimmte Geschmacksnoten sowie die Abneigung gegen andere im Laufe der Zeit. Entscheidend sind die jeweilige Esskultur und das allgemeine Geschmacksmuster einer Regionalküche beziehungsweise Nationalküche. So lässt sich erklären, dass der Geschmack desselben Lebensmittels in einer Kultur geschätzt und in einer anderen abgelehnt wird.

Die Ausbildung des Geschmacks beruht auf einem Lernprozess, die Parameter für die Akzeptanz einer Speise werden in der frühen Kindheit gesetzt. Je häufiger in dieser Phase eine Speise gegessen wird, desto stärker wird die Akzeptanz für ihren Geschmack. Dieser Gewöhnungsprozess wird wissenschaftlich „mere exposure effect" genannt. Wird dieselbe Speise mehrfach innerhalb eines kurzen Zeitraums gegessen, entwickelt sich jedoch, sofern die Speise einen ausgeprägten Eigengeschmack hat, eine zeitweilige Abneigung gegen dieses Gericht („psychische Sättigung"). Bei den Grundnahrungsmitteln wie Brot, Kartoffeln, Nudeln oder Reis tritt dieser Sättigungseffekt aufgrund des fehlenden ausgeprägten Eigengeschmacks nicht ein.

Dieser Mechanismus einer zeitweiligen Abneigung verhindert bei gesunden Erwachsenen in der Regel eine völlig einseitige Ernährung. Bei Kindern tritt die „psychische Sättigung" dagegen erst viel später ein. Individuelle Vorlieben und Abneigungen entwickeln sich nur innerhalb des Rahmens, der durch die eigene Esskultur vorgegeben wird. „Indem das spezifische kulturelle System Küche schon in der Kindheit erfahren wird und Bestandteil des gesamten Sozialisationsprozesses eines jungen Menschen wird, dient dies als Verhaltensnormierung auch später bei der Auswahl von Nahrungsmitteln und Speisen. Der Essensgeschmack vermittelt daher nicht nur in der Kindheit, sondern auch noch später in der Welt der Erwachsenen ein Stück vertrauter sozialer Geborgenheit und der Einbindung in bestimmte ethnische und soziale Gruppierungen und Schichten." [4]

---

[4] Teuteberg (2005), S.113

Das bedeutet für die Küche: Der Koch muss den Dialog zum Bewohner suchen, seine regionale Herkunft und seine Gewohnheiten rund um das Essen erfahren (Essbiografie) und, wann immer möglich, die individuellen Vorlieben und Abneigungen berücksichtigen.

Geschmack und Geschmacksbewertung

Die Annahme, dass Menschen Geschmack objektiv wahrnehmen und beurteilen können, ist durch verschiedene Studien widerlegt worden. Auch professionelle Verkoster werden den Ergebnissen zufolge von der Optik und vor allem von der eigenen Erwartung beeinflusst. Bei einem Versuch mussten 57 Weinkenner (Önologen) zwei Weine bewerten, wobei der eine als Tafelwein etikettiert war und der andere als Grand Cru. Tatsächlich enthielten beide Flaschen den identischen Wein. Bei der Bewertung erhielt der vermeintliche Tafelwein nur 8, der Grand Cru dagegen 14 von 20 Punkten. [5]

Vier Kollegen und ich haben dieses Experiment als Köche im Restaurant „blinde Kuh" in Zürich überprüft. Wir bestellten das Menü Surprise. Ohne Information des Kellners, der Karte und der Augen konnten wir die einzelnen Komponenten zu 90 Prozent nicht zuordnen. Der Geschmack entsteht nicht nur im Kopf, sondern auch bei den Sinnesorganen – das Auge isst mit.

Geschmack und Geschmacksstörungen

Geschmacksstörungen können qualitativer oder quantitativer Art sein. Eine qualitative Störung ist die veränderte Wahrnehmung von Geschmacksreizen, die Geschmacksathrophie oder die Wahrnehmung eines Geschmacks, obwohl gar keine Geschmacksquelle vorhanden ist (Phantageusie).

Bei der Parageusie verändert sich die Geschmackswahrnehmung oder es wird permanent ein starker Beigeschmack wahrgenommen, oft bitter oder metallisch. Eine Sonderform ist das Burning-Mouth-Syndrome (ständiges Brennen im Mund). Quantitative

---

[5] Thiedig (2005), S.168

Störungen sind eine Überempfindlichkeit gegenüber Geschmacksreizen (Hypergeusie), eine verminderte Geschmacksempfindung der Rezeptoren oder der vollständige Verlust des Schmeckvermögens (Ageusie), mitunter nur gegenüber bestimmten Geschmacksqualitäten.[6]

In seltenen Fällen ist eine Geschmacksstörung angeboren, meistens handelt es sich dabei um eine „Geschmacksblindheit" für bestimmte Geschmacksqualitäten. Zu einer Schädigung der Geschmacksknospen kann es bei verschiedenen Krankheiten kommen, z. B. bei Erkrankungen des Stoffwechsels wie Diabetes mellitus, Leber- und Nierenerkrankungen, Entzündung der Zunge (Glossitis), Störungen des Hormonhaushaltes sowie auf Grund einer Schädigung von Hirnnerven, die an der Geschmackswahrnehmung beteiligt sind. Als Nebenwirkung einiger Medikamente kann eine (vorübergehende) Beeinträchtigung des Geschmacks auftreten, etwa bei Penicillamin oder als zeitweise Folge einer Chemotherapie. Ein Vitaminmangel sowie ein Mangel an bestimmten Spurenelementen (Zink, Nickel, Kupfer) können das Geschmacksempfinden verändern.

Wesentlich häufiger als Störungen der gustatorischen Wahrnehmung sind Geschmacksstörungen als Folge einer beeinträchtigten olfaktorischen Wahrnehmung und somit einer Riechstörung. Bei einem völligen Verlust der Geruchswahrnehmung (Anosmie) kann auch kein Geschmack mehr wahrgenommen werden, was bei den Betroffenen zum Verlust des Appetits auf jegliche Speisen führt.

Von Geruchs- und Geschmacksstörungen sind vor allem ältere Menschen betroffen. Schätzungen zufolge leiden in der westlichen Welt etwa drei bis sieben Prozent der Bevölkerung an Riechstörungen, in der Altersgruppe der über 65-Jährigen sind es jedoch 60 bis 75 Prozent. Riechstörungen treten auch häufig als Folge der demenziellen (kognitiven) Veränderungen bei der Parkinson-Krankheit auf. Zwangsläufig ist bei den Betroffenen auch der Geschmack beeinträchtigt. Primäre Störungen des gustatorischen Systems treten dagegen nur selten auf. Studien haben ergeben, dass sich die Wahrnehmungsschwelle für

[6] Vgl. Fisher (2005)

Geschmacksreize im Alter erhöht, wovon die Wahrnehmung süßer Reize am wenigsten betroffen ist. Lange Zeit wurde davon ausgegangen, dass die verringerte Zahl von Geschmacksknospen auf der Zunge für nachlassendes Schmeckvermögen im Alter verantwortlich ist; diese Annahme gilt inzwischen jedoch als überholt. Mittlerweile geht man von einer verringerten Funktion der Rezeptoren aus. Einen gewissen Einfluss hat möglicherweise auch reduzierter Speichelfluss.[7]

Referenz

Teile dieses Kapitels basieren auf einem Artikel der Internetplattform Wikipedia: http://de.wikipedia.org/wiki/Geschmack_%28Sinneseindruck%29

Literatur

Bartolome, Gudrun/Schröter-Morasch Heidrun (2006): Schluckstörungen, Diagnostik und Rehabilitation, 3. Auflage München

Castillo Morales, R. (1998): Die Orofaziale Regulationstherapie, München

Fisher, L. (2005): Reise zum Mittelpunkt des Frühstückeis. Streifzüge durch die Physik der alltäglichen Dinge, 3. Auflage Köln

Klimek, L. et al. (2000): Riech- und Schmeckvermögen im Alter, in: Dt. Ärzteblatt 2000; 97, S. A-911-918 [Heft 14]

Teuteberg, H.-J. (2005): Der Essensgeschmack als Brücke zwischen Natur und Kultur, in: Hauer, T. (Hrsg) (2005): Das Geheimnis des Geschmacks: Aspekte der Ess- und Lebenskunst, Wetzlar

Thiedig, F. (2005): „Das schmeckt irgendwie nach mir selbst" oder: Vom regionalen Geschmack zum Terroir, in: Hauer, T. (Hrsg) (2005): Das Geheimnis des Geschmacks: Aspekte der Ess- und Lebenskunst, Wetzlar

---

[7] Vgl. Klimek et al. (2000)

ernährungs**schemata**

Die vorliegenden Ernährungsschemata sind weitgehend nach den neuen Erkenntnissen in der gesunden Ernährung erstellt und an die Bedürfnisse der älteren Menschen angepasst. Im Vordergrund der gesunden Ernährung stehen die Wünsche der Menschen, die medizinische wie auch die pflegerische Indikation. In diesen Ernährungsschemata sind einige der wichtigsten Ernährungsformen aufgeführt.

Übersicht

Die verschiedenen Formen der gesunden Ernährung unter Berücksichtigung von Kau- und Schluckstörungen oder Mobilitätsverlust bzw. kognitiven Verlusten

- Gesunde Ernährung
- Leichte gesunde Ernährung
- Fingerfood
- Gewürfelte Kost
- Pürierte Kost
- Passierte Kost
- Flüssige Kost/Schaumkost/Espuma

Die verschiedenen Diäten bei Stoffwechselstörungen

- Diabetes melllitus I
- Diabetes mellitus II
- Reduktionskost (Adipositas)
- Energiereiche Kost bei Unterernährung
- Salzdefinierte Kost

Spezielle Ernährungsformen

- Vegetarische Kost
- Vegane Kost
- Wunschkost
- Zwischenmahlzeiten werden nach ärztlicher Verordnung oder persönlichem Wunsch angeboten.

Die verschiedenen Formen der gesunden Ernährung unter Berücksichtigung von Kau- und Schluckstörungen oder Mobilitätsverlust bzw. kognitiven Verlusten

Bezeichnung	Beschreibung
1. gesunde Ernährung	• Berücksichtigung individueller Unverträglichkeit.
2. leichte gesunde Ernährung	• Leicht verdauliche Ernährung mit Berücksichtigung individueller Unverträglichkeit; fettarm, salzarm und reizarme Zubereitung und Nahrungsmittel, • im Vordergrund stehen die Vorlieben und Abneigungen.
3. Fingerfood	• Das Angebot wird von der gesunden Kost/leichter gesunder Ernährung in „gewürfelter" Form abgeleitet. Sie ist ausgewogen in der Zusammenstellung und dient Personen, die unter anderem kognitive Einschränkungen haben. • Fingerfood bedeutet die direkte Nahrungsaufnahme von der Hand zum Mund. Die Speisen müssen bezüglich der Konsistenz und Größe einfach von der Hand zum Mund geführt werden können. Sie müssen so zubereitet werden, dass der Empfänger sie mühelos greifen kann. • Es gilt die Selbständigkeit des Bewohners zu achten und fördern.

Indikationen: Heilanzeige, zwingender Grund zur Anwendung einer bestimmten ärztlichen Behandlung in einem Krankheitsfall

- Ohne einschränkende Nahrungsmittel,
- im Vordergrund stehen die Vorlieben und Abneigungen.

- Schlechter Allgemeinzustand, Fiebererkrankungen, Magen- und Darmkrankheiten, Leber- und Herzkrankheiten, leichte Gallenblasenleiden (ohne Steinverschluss).

- Für Menschen, die aus psychischen und physischen Gründen nicht mehr mit Messer, Gabel und Löffel essen können. Der Betroffene hat die kognitive und physische Fähigkeit verloren, um sich im mit dem Besteck das Essen selber zu reichen!

Bezeichnung	Beschreibung
4. gewürfelte Kost	• Ableitung von der gesunden Kost/leichten Kost in feinst geschnittener (gewürfelter) Form (feinst geschnitten, meistens Fleisch). • Sollte ohne zu zerschneiden einzunehmen sein, auf Wunsch mit angepassten Zwischenmahlzeiten.
5. pürierte Kost/ smoothfood®	• Ableitung von der gesunden Kost/leichten Kost in fein gehackter bis pürierter Form (durch den Fleischwolf, Mixer, Cutter – hat noch kleinste Rückstände/Krümelchen). • Sollte ohne große Kaubewegung einzunehmen sein. Auf Wunsch mit angepassten Zwischenmahlzeiten. Die pürierte Kostform ist immer wieder zu überprüfen und gegebenenfalls auf gewürfelte oder normale Kost zu wechseln. • Kauen ist ein Training für die Kaumuskulatur.
6. passierte Kost/ smoothfood®	• Ableitung von der gesunden Kost / leichten Kost in fein gehackter bis pürierter Form (durch den Wolf getrieben). • Sollte ohne große Kaubewegung einzunehmen sein, auf Wunsch mit angepassten Zwischenmahlzeiten. Die passierte Kostform ist immer wieder zu überprüfen und gegebenenfalls auf pürierte, gewürfelte oder normale Kost zu wechseln; • Kauen ist ein Training für die Kaumuskulatur.

Indikationen: Heilanzeige, zwingender Grund zur Anwendung einer bestimmten ärztlichen Behandlung in einem Krankheitsfall

- Mobilität ist nicht oder nur schwach vorhanden; Kauen und Schluckvorgänge sind noch intakt.

- Kau- und Schluckschwierigkeiten, Erkrankung der Mundhöhle und der Zähne, Verengung der Speiseröhre, Aufbaukost.

- Kau- und Schluckschwierigkeiten, Erkrankung der Mundhöhle und der Zähne, Verengung der Speiseröhre, Aufbaukost.

Bezeichnung	Beschreibung
7. Flüssige Kost Schaumkost Espuma	· Ableitung von der gesunden Kost/leichten Kost in fein-flüssiger/cremiger Konsistenz. Evtl. angereichert mit Kalorien und Eiweiß mit angepassten Zwischenmahlzeiten. · Kann ohne große Kaubewegung einzunehmen sein; angepasste Zwischenmahlzeiten.

Die verschiedenen Diäten bei Stoffwechselstörungen

Bezeichnung	Beschreibung
1. Diabetes mellitus/ Typ I (Quantitativ)	· Die Ernährung von Menschen mit einem absoluten Insulinmangel bedarf einer genauen Kalorienzufuhr. Das bedeutet, dass die ausgewählten Nahrungsmittel energiearm zubereitet werden und auch abgewogen werden müssen (quantitativer Diabetiker). · Meistens wird die Diabetes-Diät nach dem Schema von Prof. Dr. med. Teuscher 1200/1600/2000/2400 kcal. angewendet. · Auf Verordnung des Arztes.

Indikationen: Heilanzeige, zwingender Grund zur Anwendung einer bestimmten ärztlichen Behandlung in einem Krankheitsfall

- Entzündungen im Mundbereich*, Schlucklähmungen, Verengung der Speiseröhre, Aufbaukost.

* (ohne säurehaltige Produkte)

Indikationen: Heilanzeige, zwingender Grund zur Anwendung einer bestimmten ärztlichen Behandlung in einem Krankheitsfall

- Der jugendliche Diabetiker hat einen absoluten Insulinmangel und benötigt von Beginn an eine Insulinzufuhr. Beim metabolischen Syndrom (Frühsyndrom) kommt es durch das bauchbetonte Übergewicht zu einer Reihe von Stoffwechselstörungen und Risikofaktoren, erhöhten Fettwerten und Bluthochdruck.
- Störung des Kohlenhydrat- und Fettstoffwechsels.

Die verschiedenen Diäten bei Stoffwechselstörungen

Bezeichnung	Beschreibung
2. Diabetes mellitus/ Typ II (Qualitativ)	• „Diabetes mellitus" • Altersdiabetes – Ableitung der leichten Kost mit Salat und Gemüse, Zwischenmahlzeiten, wenig Fett, Zucker und Kohlenhydraten. • Diabetes-Diät nach dem Schema von Prof. Dr. med. Teuscher 1200/1600.
3. Kalorien-reduzierte Kost Adipositas	• Bei Adipositas Reduktion von fett- und zuckerreichen Lebensmitteln • Auf Verordnung des Arztes.
4. Salz-definierte Kost	• 2 - 3 g Natriumchlorid/täglich in Form von natürlichen, salzarmen Lebensmitteln mit Vollmilch und herkömmlichen Brotsorten. • Milch max. 400 g/täglich. • Dialyse-Ernährung wird generell nach der Verordnung des Arztes durchgeführt.

Indikationen: Heilanzeige, zwingender Grund zur Anwendung einer bestimmten ärztlichen Behandlung in einem Krankheitsfall

- Beim Diabetes mellitus Typ 2 handelt es sich um den primär Insulin unabhängigen Diabetes mellitus oder Altersdiabetes (wird heute nicht mehr so genannt, weil häufig auch schon junge Menschen davon betroffen sind). In neuerer Zeit findet man die Krankheit auch bei Jugendlichen mit starkem Übergewicht.
- Der Diabetes-Typ-2 macht etwa 90 % der Diabeteserkrankungen aus.

- Adipositas bedeutet starkes Übergewicht und zu viel Körperfett. Übergewicht wird mittels Körpermasseindex (BMI) gemessen und klassifiziert. Besonders nachteilig sind Fettdepots im Bauchraum und an den inneren Organen. Indikatoren für den Anteil von Körperfett und dessen Verteilung sind der Bauchumfang und das Taille-Hüft-Verhältnis.

- Dialyse ist eine künstliche Blutwäsche. Sie dient dazu, schädliche Stoffe aus dem Körper zu entfernen. Intakte Nieren filtern giftige (toxische) Stoffwechselprodukte (harnpflichtige Substanzen) aus dem Blut und scheiden sie mit dem Urin aus.
- Dialyse bzw. Blutwäsche im Endstadium der Niereninsuffizienz: Die Dialysebehandlung – häufig auch „Blutwäsche" genannt – ist ein physikalisches Verfahren, das bei einem Menschen mit stark verminderter oder ausgefallener Nierenleistung angewandt wird.

Die verschiedenen Diäten bei Stoffwechselstörungen

Bezeichnung	Beschreibung
5. Unter-ernährung Quantitative Fehl-ernährung	• Gesundes, hochkalorisches, vitaminreiches Essen, • viel Obst, Gemüse, Nüsse, • regelmässiges Essen , • frische Säfte, • Milchshaks/Mascarpone – Drinks. >> siehe Rezepte.
6. Mangel - ernährung Qualitative Fehl-ernährung	• Eiweiss-, vitaminreiche Lebensmittel, frische Gemüse, Rohkost, Obst, Hülsenfrüchte, Kartoffeln, Reis, Mais, etc.

Indikationen: Heilanzeige, zwingender Grund zur Anwendung einer bestimmten ärztlichen Behandlung in einem Krankheitsfall

- Von Unterernährung (englisch: malnutrition) spricht man, wenn ein Mensch weniger Kalorien am Tag zu sich nimmt als er am Tag verbraucht. Liegt das Defizit darin begründet, dass insgesamt zu wenig gegessen wird, und infolgedessen sowohl Energie als auch alle lebensnotwendigen Nährstoffe fehlen, spricht man von einer quantitativen Unterernährung. Mit Unterernährung gehen meist Fehl- und Mangelernährung einher. Diese werden von Protein- und Nährstoffmangel hervorgerufen. Folgen sind unter anderem Marasmus, Kwashiorkor oder Marasmischer Kwashiorkor [8]. Es kommt meist zu einer Schwächung der inneren Organe einschließlich des Herz-Kreislaufsystems sowie des Immunsystems.
- Eine anhaltende quantitative Unterversorgung macht sich in Form einer Gewichtsabnahme bemerkbar. Der Mangel an bestimmten Nährstoffen wie Eiweiß, Vitaminen, Mineralstoffen und Spurenelementen äußert sich zunächst in unspezifischen, später in charakteristischen Symptomen. Mit Mangelernährung ist oft auch eine verminderte Flüssigkeitsaufnahme verbunden. Da das Durstgefühl im Alter nachlässt, trinken ältere Menschen häufig zu wenig. Dies kann zu Austrocknungszuständen mit schwerwiegenden Folgen führen.

- Bei einer Mangelernährung ist der Körper nicht ausreichend mit Energie, Eiweiß und/oder anderen lebenswichtigen Nährstoffen wie Vitaminen, Mineralstoffen und Spurenelementen versorgt.

---

[8] Als Marasmus (griechisch) bezeichnet man einen Protein- und Energiemangel, der zum Abbau aller Energie- und Proteinreserven führt. Kwashiorkor (Ghanaisch: „erstens-zweitens") ist eine Form der Proteinmangelernährung. Sie tritt vor allem in Entwicklungsländern und bei Kindern auf. Sie ist v.a. auf den Mangel bestimmter essenzieller Aminosäuren zurückzuführen (die z. B. im Mais nicht vorkommen). Damit kommt es im Blut zur Abnahme der Albumine (Hypoalbuminämie) und somit zum Absinken des kolloidosmotischen Drucks. Dies hat zur Folge, dass die Gewebsflüssigkeit – vor allem im Bauchbereich – nicht wieder in die venösen Kapillaren aufgenommen werden kann.
Kennzeichen dieser Krankheit ist der charakteristische Hungerbauch, der durch Wassereinlagerungen sowie eine vergrößerte Leber zustande kommt. Des Weiteren treten Hautveränderungen sowie die Entfärbung der Haare, Wachstumsstörungen, Durchfall und Gewichtsverlust auf. Darüber hinaus sind starke psychische Veränderungen wie Teilnahmslosigkeit, Apathie und Verzögerungen der geistigen Entwicklung zu beobachten.

Spezielle Ernährungsformen

Bezeichnung	Beschreibung
1. Vegetarische Kost/„Ovo-lactovegetabile Kost"	• Verzicht auf Nahrungsmittel, welche vom toten Tier stammen (Fleisch, Fisch, Gelatine usw.). • Nahrungsmittel von lebenden Tieren wie Milch, Eier und Honig werden verzehrt. • Bei einer ausgewogenen Zusammensetzung ist diese Ernährungsform gesund und vollwertig.
2. Vegane Kost	• Verzicht auf sämtliche tierischen Nahrungsmittel (neben Fleisch und Fisch auch Milch, Eier, Honig usw.). Auch Nahrungsmittel, welche geringe tierische Produkte enthalten (beispielsweise Molkenpulver in Chips oder Butter am Gemüse) werden abgelehnt. • Ansonsten ist eine ausgewogene rein pflanzliche Ernährung gesund und vollwertig.
3. Wunschkost	• Dem Heimbewohner angepasste Kost. • Bei der wöchentlichen Menüplanung mit den Heimbewohnern zusammen versuchen wir auf ihre Wünsche und Neigungen einzugehen. Spezielle Wunschkost bei schwerwiegenden Erkrankungen wird berücksichtigt. Spezielle Wunschkost wird/kann auch vom Arzt angewiesen werden.

Indikationen: Heilanzeige, zwingender Grund zur Anwendung einer bestimmten ärztlichen Behandlung in einem Krankheitsfall

- Für Vegetarier
- CA-Tumorpatienten

- Vitamin B12 kann nicht über pflanzliche Nahrung aufgenommen und muss in Form von angereicherten Lebensmitteln sichergestellt werden.
- CA-Tumorpatienten

- In sehr schlechtem Allgemein- und Ernährungszustand, im Zusammenhang mit unzureichender Nahrungsaufnahme. In der terminalen Phase.

Zwischenmahlzeiten werden nach ärztlicher Verordnung oder persönlichem Wunsch angeboten.

menue**plaene**

Normalkost/ Gesunde Kost	Fingerfood (Sauce immer extra)	Püriertes Essen/ smoothfood
Karotten-Apfel-Rohkost *** Tomatencremesuppe *** Gebratenes Lachsfilet Safransauce Schlosskartoffeln Möhrenperlen Blattspinat *** Blaubeersahne	Karotten-Apfel-Frischkost im Pfannkuchen *** Kleine Taler von der Tomatencremesuppe in Gelform *** Praline vom Lachsfilet Safransauce Schlosskartoffeln Tomatenschiffchen mit Spinat gefüllt *** Blaubeer-Eclaire	Karotten-Apfel-Frischkost *** Tomatencremesuppe *** Lachsfilet an Safransauce Kartoffelvermicelle Gehackter Spinat *** Blaubeercreme
Salat vom Stangensellerie *** Rindsbouillon Royal *** Hähnchenbrustfilet Sauce Hollandaise Creolenreis glacierte Zucchini *** Himbeere und Bisquit	gefüllte Selleriesticks *** Rindsbouillon Royal im Würfel *** Häppchen von der Hähnchenbrust Sauce Hollandaise Wan Tang vom Creolenreis Zucchinistäbchen *** Himbeere im Bisquitmantel	Püree vom Sellerie *** Rindsbouillon Royal *** fein gehacktes Hähnchenbrustfilet cremig-weiches Risott Zucchinimousse *** Himbeersahne mit Bisquitbrösel

Passiertes Essen/ smoothfood	Schaumkost Die Gerichte haben eine sehr weiche, schaumige Konsistenz	
Karotten-Apfel-Frischkost *** Tomatencremesuppe *** Mousse vom Lachsfilet Safransauce, Kartoffelmousseline Möhrentropfen Spinatschaum *** Blaubeerschaum	Karotten-Apfel-Frischkost *** Tomatenschaum *** Lachsfilet, Kartoffel & Spinat in luftiger Variante *** Blaubeerschaum	Menü 1
Selleriegelee *** Rindsbouillon Royal *** Hähnchenbrustfilet aus einer luftigen Geflügelfarce Sauce Hollandaise Mousse vom Creolenreis Zucchinipüree *** Himbeercreme	Sellerieschaum Astoria *** Rindsbouillon mit Petersilienluft *** Karottenrisotto aus dem Whiper trifft Geflügel und Zucchinimousse *** Schaum von der Himbeere	Menü 2

Normalkost · Fingerfood · pürierte Kost · passierte Kost · Schaumkost

fünf **zubereitungsformen**

normalkost

Ein gesundes, abwechslungsreiches, saisonales Angebot. Das Angebot muss sich an den Bewohnern/Patienten ausrichten. Eine frische markt- und umweltorientierte Küche ist zu bevorzugen. Die Grundzubereitungsarten sind entsprechend der Produkte abzustimmen.

Eine gesunde Küche zeichnet sich aus durch eine gut abgestimmte Logistik, einen sorgfältigen Umgang mit den Lebensmitteln und ernährungsphysiologische Verantwortung.

fingerfood

Ableitung von der gesunden Kost/leichten Kost in gewürfelter, von Hand gut greifbarer Form. Fingerfood bedeutet die direkte Nahrungsaufnahme von der Hand zum Mund. Sie ist ausgewogen in der Zusammenstellung und dient Personen, die aus psychischen und physischen Gründen nicht mehr mit Messer, Gabel und Löffel essen können. Die Speisen müssen bezüglich der Konsistenz und Größe einfach von der Hand zum Mund geführt werden können. Sie müssen so zubereitet und angerichtet werden, dass der Empfänger sie „fehlerfrei" greifen kann. Mit angepassten Zwischenmahlzeiten.

pürierte Kost

Ableitung von der gesunden Kost/leichten Kost in fein gehackter bis pürierter Form (durch den Fleischwolf, Mixer, Cutter, Pacojet – hat noch kleinste Rückstände).

Diese Kostform hat noch kleine Krümelchen und regt dadurch den Verdauungsprozess besser an. Sollte ohne große Kaubewegung einzunehmen sein. Mit angepassten Zwischenmahlzeiten.

passierte Kost

Ableitung von der gesunden Kost/leichten Kost. Die festen Nahrungsmittel werden durch den Wolf getrieben, gecuttet oder mit dem Pacojet pacossiert, anschließend durch ein Sieb getrieben, so dass keine Krümelchen mehr vorhanden sind. Kann ohne große Kaubewegung eingenommen bzw. geschluckt werden. Mit angepassten Zwischenmahlzeiten.

Schaumkost

Ableitung von der gesunden Kost/leichten Kost in mousseähnlicher Konsistenz. Die festen Nahrungsmittel werden in feinflüssige/cremige Konsistenz gebracht (mit dem Pacojet, evtl. noch mit dem Sieb passiert). Kann ohne Kaubewegung eingenommen/getrunken werden. Je nach Bedarf noch angereichert mit Kalorien und Eiweiß. Mit angepassten Zwischenmahlzeiten.

normal**kost**

no^rmalkost

Ein gesundes, abwechslungsreiches, saisonales Angebot. Das Angebot muss sich an den Bewohnern/Patienten ausrichten. Eine frische markt- und umweltorientierte Küche ist zu bevorzugen. Die Grundzubereitungsarten sind entsprechend der Produkte abzustimmen. Eine gesunde Küche zeichnet sich aus durch eine gut abgestimmte Logistik, einen sorgfältigen Umgang mit den Lebensmitteln und ernährungsphysiologische Verantwortung.

stangen**selleriesalat** für 4 Personen

Stangenselleriesalat

· Energie	118 kcal
· Fett	10,3 g
· Kohlenhydrate	4,01 g
· Eiweiß	2,17 g

Nährwerte je 100g

Stangenselleriesalat

— 100 g geschlagene Sahne
— 250 g Stangensellerie
— 25 g Walnuss gehackt
— 50 g Apfel geputzt
— Prise Salz aus der Mühle
— Pfeffer weiß gemahlen
— Spritzer Zitronensaft

Stangenselleriesalat

Stangensellerie in feine Streifen schneiden und blanchieren. Äpfel entkernen und in feine Stückchen schneiden, anschließend die gehackten Nüsse zugeben, alles würzen mit Salz, Pfeffer und dem Spritzer Zitronensaft. Die geschlagene Sahne mit Salz, Pfeffer und Zitrone abschmecken und diese auf dem Salat anrichten.

Je nach Wunsch kann man die Sahne auch mit den anderen Zutaten vermengen und mit einem Apfelfächer ausgarnieren.

rindsbouillon**royal** für 4 Personen

Rindsbouillon

Energie	56,2 kcal
Fett	3,17 g
Kohlenhydrate	466 mg
Eiweiß	6,46 g

Nährwerte je 100g

Eierstich / Royal

Energie	103 kcal
Fett	6,82 g
Kohlenhydrate	2,98 g
Eiweiß	7,44 g

Nährwerte je 100g

Eierstich / Royal

Vollmilch aufkochen, unter Rühren zum Vollei geben und abschmecken. Eiermilch durch ein Sieb passieren und in eine mit Klarsichtfolie ausgelegte Form füllen. Im Dampf bei ca. 104° C ca. 10 Min. pochieren. Eierstich erkalten lassen. Stürzen, in 1 cm große Würfel schneiden und in die Bouillon geben.

Rindsbouillon siehe Grundrezepte S. 178

Eierstich/Royal

— 0,5 l Rindsbouillon
— 50 g Vollei, frisch
— 65 g Vollmilch
— Salz

hähnchen**brustfilet** für 10 Personen

Creolenreis

— 300 g Arborio Reis
— 600 g Salzwasser

Hähnchenbrustfilet

— 1000 g Geflügelfleisch
— 50 g Fett zum Braten
— Prise Salz aus der Mühle
— Pfeffer weiß gemahlen

Creolenreis

Den Reis in der doppelten Menge Salzwasser garen und anschließend auf einem Blech im Ofen leicht trocknen, evtl. nochmals nachschmecken.

Hähnchenbrustfilet

Die Innenfilets anbraten, danach würzen und bei Niedertemperatur von 71 °C garziehen.

Glacierte Zucchini

3 kleine Zucchini putzen, in Scheiben schneiden; in etwas Butter glacieren und mit Salz aus der Mühle und einer Prise weißem Pfeffer abschmecken.

Sauce Hollandaise

Die Butterwürfel in einem Kochtopf schmelzen und ca. 5 Min. klären (weiter köcheln lassen, bis die Butter klar ist). Die feinen Schalottenwürfel mit etwas Öl glasig schwitzen. Die zerstoßenen Pfefferkörner und die Lorbeerblätter dazugeben, mit Weißwein ablöschen und ca. 3 Min. köcheln lassen. Die Reduktion durch ein feines Sieb passieren. Eigelb und die zwei ganzen Eier in einer Metallschüssel mit 4 EL von der Reduktion mit Hilfe eines feinen Schneebesens im heißen Wasserbad aufschlagen, so dass die doppelte Menge entsteht. Die flüssige Butter zuerst tropfenweise und dann nach und nach unterrühren. Es muss eine Emulsion entstehen. Mit Salz, Zucker, Pfeffer und Zitronensaft abschmecken, die fertige Sauce in einen 1l-Gourmet Whip füllen und warm stellen. Bei Bedarf portionieren.

Glacierte Zucchini

— 3 kleine Zucchini
— etwas Butter
— Salz aus der Mühle
— Prise weißer Pfeffer

Sauce Hollandaise

— 500 g Butterwürfel ergibt ca. 450 g geklärte Butter
— 3 Eigelb
— 25 g Schalotten oder feine Zwiebelwürfelchen
— 50 g trockener Weißwein
— Saft einer Zitrone oder etwas milder Essig
— 1 EL Pflanzenöl
— 1 Lorbeerblatt
— 3 zerdrückte Pfefferkörner
— Prise Salz
— Cayennepfeffer oder weißer Pfeffer

himbeere&bisquit für 4 Personen

Bisquit

— 60 g Mehl
— 45 g Speisestärke
— 100 g Zucker
— 2 Eier
— 1 TL Backpulver
— Prise Salz

Bisquit

Eier mit dem Zucker schaumig schlagen, Mehl, Stärke und Backpulver mischen, durch ein feines Sieb in die Schaummasse sieben und behutsam unterheben. Die Masse auf ein mit Backpapier belegtes Backblech geben, in die gewünschte Stärke streichen und bei 180 °C ca. 15–20 Min. goldgelb backen. Den Bisquit in die gewünschte Form ausstechen.

Bisquit	
Energie	210 kcal
Fett	6,98 g
Kohlenhydrate	31,9 g
Eiweiß	3,97 g

Nährwerte je 100g

Sahne & Himbeeren	
Energie	128 kcal
Fett	9,87 g
Kohlenhydrate	7,35 g
Eiweiß	1,65 g

Nährwerte je 100g

Sahne & Himbeeren

Sahne mit dem Vanillezucker steif schlagen und mit den geputzten Himbeeren zwischen dem Bisquit anrichten. Mit Minze garnieren.

Tipp: Lässt sich auch wunderbar mit Erdbeeren, Heidelbeeren und Johannisbeeren zubereiten.

Sahne & Himbeeren

— 100 g Sahne
— 200 g Himbeeren
— 10 g Vanillezucker

karotten-**apfel-rohkost** für 4 Personen

Karotten-Apfel-Rohkost

— 200 g Karotten geschält
— 200 g Apfel säuerlich entkernt
— 15 g gehackte Walnüsse
— 5 g Petersilie gehackt oder Kerbel
— Saft von einer halben Zitrone
— 3 EL weißer Balsamico
— 1 EL kalt gepresstes Walnussöl
— Honig nach Geschmack
— frisch gemahlener Pfeffer
— Meersalz
— Spritzer Zitronensaft

Karotten-Apfel-Rohkost	
· Energie	119 kcal
· Fett	8,59 g
· Kohlenhydrate	7,98 g
· Eiweiß	2,11 g
	Nährwerte je 100g

Karotten-Apfel-Rohkost

Äpfel entkernen. Karotten und Apfel in Rauten schneiden, anschließend die gehackten Nüsse zugeben. Mit dem Dressing vermengen und mit gehackter Petersilie oder Kerbel garnieren.

blaubeer**sahne** für 4 Personen

Blaubeersahne

· Energie	193 kcal
· Fett	13,5 g
· Kohlenhydrate	16,2 g
· Eiweiß	1,37 g

Nährwerte je 100g

Blaubeersahne

Die Sahne mit Zucker und Vanillezucker steif schlagen. Ein wenig Sahne und ein paar Blaubeeren zur Seite stellen und die restliche Sahne anschließend mit den gewaschenen und pürierten Blaubeeren mischen.

Mit einem Spritzbeutel eine schöne Rosette spritzen und mit ein wenig Sahne und ein paar Blaubeeren garnieren.

Blaubeersahne

— 250 g Sahne
— 500 g Blaubeeren
— 70 g Zucker
— 1 TL Vanillezucker

tomaten**cremesuppe** für 4 Personen

Tomatencremesuppe

· Energie	48,7 kcal
· Fett	2,75 g
· Kohlenhydrate	4,72 g
· Eiweiß	1,18 g

Nährwerte je 100g

Tomatencremesuppe

Lauch längs halbieren und waschen. Zwiebeln, Lauch, Sellerie und Karotten in kleine Würfel schneiden. Knoblauch hacken, Tomaten vierteln. Den Gemüsefond aufkochen. Gemüsewürfel in Butter dünsten, Knoblauch und Tomatenstücke beigeben und dünsten.

Etwas Zucker beigeben, Tomatenpüree beigeben und kurz mitdünsten, mit Weißmehl stäuben und etwas abkühlen lassen. Mit heißem Gemüsefond auffüllen und unter Rühren aufkochen, mit Salz und Pfeffer abschmecken, des Öfteren abschäumen.

30 Min. sieden, Kräuterbündel beigeben und nochmals 10 Min. sieden, Kräuterbündel herausnehmen, Suppe mit einem Stabmixer mixen und durch ein feines Sieb passieren, nochmals aufkochen, mit Vollrahm verfeinern und abschmecken.

Tipp: Ein paar Tropfen Sahne auf der Suppe platzieren und mit einem Zahnstocher ein Mal mit Schwung durchziehen. Zum Schluss noch einen kleinen Punkt Pesto in die Mitte geben und servieren.

Tomatencremesuppe

— 6 g Butter
— 10 g Zwiebel
— 10 g Lauch
— 10 g Sellerie
— 10 g Karotte
— 1 g Knoblauch
— 140 g Tomaten entkernt
— Salz
— Pfeffer weiß aus der Mühle
— 10 g Zucker
— 50 g Tomatenmark
— 360 g Gemüsefond
— 1 Kräuterbündel mit Rosmarin, Thymian, Majoran, Basilikum
— 40 g Sahne 32 %
— 10 g Mehl
— Basilikum
— Pesto Genovese

lachsfilet&möhrenperlen für 10 Personen

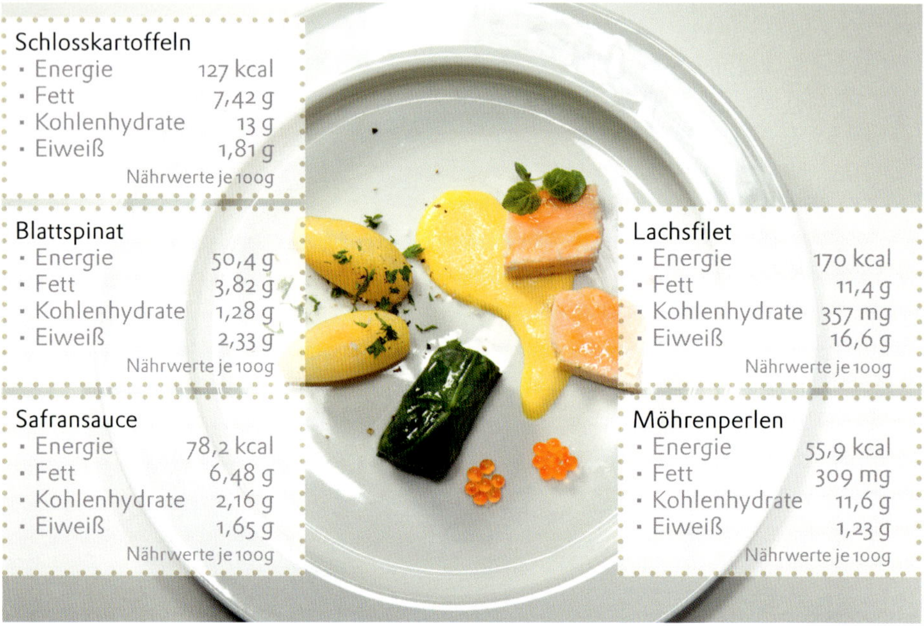

Schlosskartoffeln

Energie	127 kcal
Fett	7,42 g
Kohlenhydrate	13 g
Eiweiß	1,81 g

Nährwerte je 100g

Blattspinat

Energie	50,4 g
Fett	3,82 g
Kohlenhydrate	1,28 g
Eiweiß	2,33 g

Nährwerte je 100g

Safransauce

Energie	78,2 kcal
Fett	6,48 g
Kohlenhydrate	2,16 g
Eiweiß	1,65 g

Nährwerte je 100g

Lachsfilet

Energie	170 kcal
Fett	11,4 g
Kohlenhydrate	357 mg
Eiweiß	16,6 g

Nährwerte je 100g

Möhrenperlen

Energie	55,9 kcal
Fett	309 mg
Kohlenhydrate	11,6 g
Eiweiß	1,23 g

Nährwerte je 100g

Blattspinat

— 1000 g Spinat gewaschen und geputzt
— Zwiebel gewürfelt
— 50 g Butter
— Knoblauch
— Salz, Pfeffer, Muskatnuss gemahlen

Blattspinat

Die Zwiebelwürfel in der Butter glasig dünsten, den Spinat darin kurz durchschwenken, mit dem Knoblauch, Salz und Pfeffer aus der Mühle würzen und mit etwas Muskat abrunden.

Den Spinat anschließend rollen, mit einem schönen Blatt umwickeln und in Rollenform schneiden.

Möhrenperlen siehe Grundrezepte S. 181

Schlosskartoffeln

Die Kartoffeln mit stumpfen Enden im Salzwasser blanchieren. Kartoffeln abschütten und auskühlen lassen. Sonnenblumenöl in einer Lyoner Pfanne erhitzen. Kartoffeln zugeben, leicht anbraten und würzen. Im Ofen unter zeitweisem Wenden goldgelb braten. Überschüssiges Öl abgießen. Butter zugeben und fertig braten.

Safransauce

Schalotten in Butter anschwitzen, mit Weißwein auffüllen und dünsten, bis dieser fast verdampft ist. Mit dem Fischfond und der Sahne auffüllen, die Safranfäden hinzu tun und bis auf die Hälfte einreduzieren lassen. Mit Salz und Pfeffer aus der Mühle abschmecken, anschließend die Sauce absieben.

Lachsfilet

Die Lachsstückchen mit einem Spritzer Zitrone marinieren und anbraten, anschließend würzen und danach bei Niedertemperatur von 64–66 °C garziehen.

Schlosskartoffeln

— 500 g Kartoffeln fest kochend, 5 cm lang
— 20 g Sonnenblumenöl, high oleic
— 10 g Salz
— Pfeffer weiß aus der Mühle
— 25 g Butter

Safransauce

— 150 g Fischfond
— 20 g Weißwein
— 30 g Kochsahne säurestabil
— 15 g Butter
— Safranfäden
— Schalottenwürfel

Lachsfilet

— 800 g Lachsfilet
— 50 g Fett zum Anbraten
— Prise Salz
— weißer Pfeffer
— Spritzer Zitronensaft

gemüse**sülzchen** für 10 Personen

Gemüsesülzchen

— 50 g Romanesco geputzt und gewaschen
— 50 g Karottenscheiben
— 30 g Zucchini
— 50 g Brokkoli
— 10 g Schnittlauch
— 50 g Princessbohnen extra fein
— 350 g Gemüsebrühe
— 11 g Gelea Instant
— 100 g Alfa Alfa Sprossen
— 5 Cocktailtomaten
— etwas Shiso Kresse

Kräuterdressing

— 50 g Gemüsebrühe
— 30 g Pimpernelle
— 30 g Blattpetersilie
— 30 g Kerbel
— etwas Senf
— Spritzer Zitrone
— 150 g Rapsöl
— 2 DL Smoothfood-mischung
— Salz

Gemüsesülzchen

Die verschiedenen Gemüse nach und nach in der Gemüsebrühe gar kochen und sofort in Eiswasser abkühlen, herausnehmen und zur Seite stellen. Die Gemüsebrühe mit der Fingerfoodmischung aufkochen.
Anschließend mit dem Gemüse in Silikonförmchen schichten und mit der Brühe auffüllen. Völlig erkalten lassen und stürzen, zusammen mit der Kräutersauce und den Sprossen anrichten. Mit einer halben Cocktailtomate und Shiso Kresse garnieren.

Kräuterdressing

Gemüsefond mit den Kräutern fein mixen und mit der Smoothfoodmischung binden. Senf, Zitrone und Salz zugeben. Öl in einem dünnen Strahl einlaufen lassen und somit emulgieren. Würzig abschmecken.

Gemüsesülzchen

Energie	18,3 kcal
Fett	163 mg
Kohlenhydrate	1,16 g
Eiweiß	2,9 g

Nährwerte je 100g

Kräuterdressing

Energie	164 kcal
Fett	16 g
Kohlenhydrate	3,91 g
Eiweiß	1,47 g

Nährwerte je 100g

brennessel-nocken&tomaten-rucola

für 10 Personen

Brennessel-Nocken

Energie	216 kcal
Fett	13,2 g
Kohlenhydrate	16 g
Eiweiß	8,39 g

Nährwerte je 100g

Tomaten-Rucola-Ragout

Energie	57,1 kcal
Fett	4,37 g
Kohlenhydrate	3,34 g
Eiweiß	964 mg

Nährwerte je 100g

Brennessel-Nocken

Brennessel waschen, 5 Min. blanchieren, mit kaltem Wasser abschrecken und gut ausdrücken. Zwiebel schälen und fein hacken, in 20 g Butter und dem Olivenöl anschwitzen. Brennessel hacken und zugeben. Mit Salz und Muskat würzen. Unter ständigem Rühren die Hälfte der angegebenen Milch unterziehen und fein pürieren. Dies ergibt eine sämige Masse. Diese erkalten lassen. Restliche Milch mit den Eiern verquirlen, mit Salz und Muskat abschmecken und unter die Brennesselmasse rühren. Semmelbrösel und Mehl unterarbeiten. Nochmals abschmecken. Die Masse 10 Min. ruhen lassen. Salzwasser zum Kochen bringen. Mit zwei EL Nocken formen und im Salzwasser 10 Min. leicht kochen lassen. 100 g Butter zerlassen und die Nocken damit übergießen. Parmesan darüber streuen und auf dem Tomatenragout anrichten.

Tipp: Anstelle Brennessel kann natürlich auch Blattspinat verwendet werden.

Tomaten-Rucola-Ragout

Tomaten blanchieren, häuten, aufschneiden, entkernen und das Fruchtfleisch in Würfel schneiden. Olivenöl erhitzen, Tomatenstücke darin anschwitzen, salzen und mit dem Rucola etwa 5 Min. dünsten.

Tipp: Bei Bedarf mit einem Schuss Balsamicoessig verfeinern.

Brennessel-Nocken

— 500 g Brennessel
— 150 g Semmelbrösel
— 1 kleine Zwiebel
— 1 EL Olivenöl
— 120 g Butter
— 125 g Milch
— 3 Eier
— 3 EL Mehl
— Salz, Muskat
— 100 g Parmesan

Tomaten-Rucola-Ragout

— 6 Tomaten mittelgroß
— 1 Bund Rucola
— 2 EL Olivenöl
— Salz

holunder-**limone&eis** für 10 Personen

Holundersirup	
Energie	199 kcal
Fett	14,4 mg
Kohlenhydrate	48,2 g
Eiweiß	72,1 mg

Nährwerte je 100g

Holunderblütensirup als Basis für die Suppe

— 1 Tasse Holunderblüten-Dolden (nur Blüten ohne Stiel)
— 2 l Mineralwasser still
— 2000 g Zucker
— 40 g Zitronensäure (aus der Drogerie)

Holunderblütensirup

Die Holunderblüten etwas ausschütteln und auf kleine Mücken durchsuchen. Schon beim Pflücken der Blüten auf Blattläuse achten.

Saubere Blüten (nicht waschen) in einen Topf von ca. 3 l Inhalt legen. Die 2 l Wasser in einem separaten Gefäß aufkochen und heiß über die Blüten gießen. 2 kg Zucker, 40 g Zitronensäure beifügen, gut umrühren und ein bis zwei Tage stehen lassen. Gelegentlich rühren, damit sich Zucker und Zitronensäure gut lösen.

Dann den Sirup durch ein Sieb oder Tuch filtern (ein Küchentuch ins Sieb legen, so ist man sicher, dass auch kleinste Schmutzpartikelchen entfernt werden). Anschließend aufkochen, randvoll in vorgewärmte Flaschen füllen, sofort verschließen, kühl und dunkel aufbewahren und vor der nächsten Saison aufbrauchen.

Tipp: Wenn möglich eher kleine Flaschen verwenden. Geöffnete Flaschen im Kühlschrank aufbewahren und in 3–4 Wochen konsumieren; der Sirup könnte sonst zu schimmeln beginnen.

Holundersuppe

Das Mineralwasser mit dem Holunderblütensirup abschmecken und mit dem Guarzoon vollständig auflösen, ein paar Himbeeren mit in den Teller geben und mit einer Kugel Limoneneis anrichten. Mit Minze garnieren.

Limonen-Joghurteis

Puderzucker sieben. Vollmilchjoghurt, Puderzucker, Kochsahne, Zitronensaft und Zitronenabrieb vermischen, bis sich der Puderzucker vollständig aufgelöst hat. In zwei Pacojet-Becher gleichmäßig abfüllen und bei -20 °C vollständig tiefkühlen. Im Pacojet mit wenig Kaffeerahm (15 g pro Becher) pacossieren.

Holundersuppe

- Holunderblütensirup nach Geschmack
- 0,5 l Mineralwasser still
- Himbeeren
- 4 DL Smoothfoodmischung (Guar und Xanthazoon 1/1)

Limonen-Joghurteis aus dem Pacojet

- 200 g Vollmilchjoghurt Natur
- 125 g Puderzucker
- 200 g Kochsahne 24%
- 30 g Kaffeesahne 15%
- abgeriebene Schale einer unbehandelten Zitrone
- Saft einer Zitrone

Limonen-Joghurteis	
Energie	196 kcal
Fett	10,4 g
Kohlenhydrate	22,8 g
Eiweiß	2,04 g

Nährwerte je 100g

pflaumenknödel-**aprikosensauce&minze**

für 4 Personen

Pflaumenknödel

- 300 g mehlig kochende Kartoffeln
- 100 g grobes Salz zum Garen
- 100 g Frischkäse
- 2 EL Hartweizengrieß
- 2 EL Mehl
- 2 Eigelb
- Prise Salz
- 1 EL zerlassene Butter
- ½ Mark von Vanilleschote
- abgeriebene Schale von unbehandelter Zitrone
- 4 St. Würfelzucker
- 4 reife kleine Pflaumen

Aprikosensauce

- 100 g reife Aprikosen
- 30 g Zucker

Pflaumenknödel	
• Energie	173 kcal
• Fett	7,55 g
• Kohlenhydrate	22,2 g
• Eiweiß	3,45 g
	Nährwerte je 100g

Pflaumenknödel

Für die Knödel den Backofen auf 180 °C vorheizen. Die Kartoffeln waschen und auf einem Salzbett 40–50 Min. im Ofen garen. Alternativ können die Kartoffeln auch im Salzwasser garen und anschließend im vorgeheizten Ofen bei 80 °C etwa 10 Min. ausdämpfen. Die Kartoffeln pellen und durch die Kartoffelpresse drücken. Den Frischkäse durch ein Sieb streichen und zusammen mit dem Grieß und dem Mehl unter die Kartoffeln geben und alles durchmengen.

Die Eigelbe, das Salz, die Butter, das Vanillemark und die Zitronenschale dazugeben und zu einem glatten Teig verkneten. Die Pflaumen waschen, trocken tupfen und einschneiden. Kern entfernen und durch einen Zuckerwürfel ersetzen.

Den Kartoffelteig in 4 gleich große Stücke teilen und mit bemehlten Händen zu flachen Kreisen formen. Je 1 Zwetschge darauf setzen, mit dem Teig umschließen und rund abdrehen. Topf mit 3 l Wasser und Salz zum Kochen bringen. Die Knödel in das kochende Wasser legen und danach bei reduzierter Hitze 8–10 Min. ziehen lassen. Knödel mit einer Schaumkelle herausnehmen, in eine Form geben und warmstellen.

Aprikosensauce

Energie	132 kcal
Fett	135 mg
Kohlenhydrate	30,9 g
Eiweiß	615 mg

Nährwerte je 100g

Butterschmelze

Energie	105 kcal
Fett	9,11 g
Kohlenhydrate	5,34 g
Eiweiß	768 mg

Nährwerte je 100g

Butterschmelze

Für die Butterschmelze die Butter in einem Stieltopf aufschäumen. Vanillezucker, Honig, Semmelbrösel, Bisquitbrösel und die geriebenen Haselnüsse unter ständigem Rühren anrösten. Vom Herd nehmen und mit Zitronen und Orangenschale würzen. Die Knödel auf einem Teller anrichten und mit der Butterschmelze überziehen. Dazu passt eine Aprikosen- oder Mangosauce aus den reifen Früchten und mit dem Zucker fein püriert. Mit Minze garnieren.

Butterschmelze

— 100 g Butter
— 1 EL Vanillezucker
— 1 TL Honig
— 2 EL Semmelbrösel
— 2 EL Bisquitbrösel
— 1 EL geriebene, geröstete Haselnüsse
— je ½ abgeriebene Schale unbehandelter Zitrone und Orange

mohnküchlein&**zwetschgeneis** für 10 Personen

Mohnküchlein

— 200 g weiche Butter
— 200 g Zucker
— 8 Eigelb
— 260 g Blaumohn, gem.
— Prise Salz
— 40 g Mehl
— 40 g Semmelbrösel
— 8 Eiweiß
— Butter und Mehl für die Förmchen

Zwetschgeneis aus dem Pacojet

— 400 g Zwetschgen
— 4 EL Läuterzucker
— 2 kleine Zimtstange
— 4 Gewürznelken
— Schale einer unbehandelten Zitrone gerieben
— Saft einer Zitrone

Mohnküchlein

Butter und 160 g Zucker schaumig rühren, Eigelb nach und nach dazugeben; Mohn, Salz, Mehl und Semmelbrösel unterrühren. Das Eiweiß nicht zu steif schlagen, dabei den übrigen Zucker einrieseln lassen. Vorsichtig unter die Mohnmasse heben. Vier Förmchen buttern und mit Mehl ausstreuen. Den Mohnteig einfüllen und im Wasserbad im vorgeheizten Backofen bei 180 °C ca. 40 Min. backen.

Zwetschgeneis

Zwetschgen waschen, entsteinen und mit den übrigen Zutaten aufkochen. Die Zwetschgen bei geringer Hitze weich dünsten. Nelken und Zimtstange entfernen und alles in einen Pacossierbecher füllen. Über Nacht einfrieren und am nächsten Tag vor dem Servieren zwei Mal pacossieren.

Tipp: Zwetschgeneis am Vortag zubereiten und den Mohnkuchen noch warm mit dem Eis servieren.
Mit einer Eierlikörsahne abrunden.

Mohnküchlein

· Energie	427 kcal
· Fett	31,3 g
· Kohlenhydrate	29,5 g
· Eiweiß	7,73 g

Nährwerte je 100g

Zwetschgeneis

· Energie	71,4 kcal
· Fett	164 mg
· Kohlenhydrate	15,6 g
· Eiweiß	595 mg

Nährwerte je 100g

blaubeer**muffins** für 10 Personen

Blaubeermuffins

— 100 g Butter
— 150 g Zucker
— 2 Eier
— 100 g Naturjoghurt oder Saure Sahne
— 225 g Mehl
— Prise Salz
— etwas abgeriebene Schale einer unbehandelten Zitrone
— 200 g Blaubeeren

Blaubeermuffins

Blaubeeren kurz unter kaltem Wasser spülen, gut abtropfen lassen. Muffinförmchen mit Fett ausstreichen und leicht mit Mehl bestäuben. Backofen auf 200 °C vorheizen. Die Butter erwärmen, bis sie fast flüssig ist. Butter, Zucker, Eier, Joghurt und Zitronenabrieb schaumig schlagen. Anschließend mit einem Rührlöffel weiterarbeiten. Das Mehl mit der Prise Salz und dem Backpulver auf einmal zur Buttermischung geben, mit dem Rührlöffel gerade so viel unterrühren, bis alles vermischt ist. Die Hälfte der Beeren locker unter den Teig heben.

Den Teig in die Formen füllen und die restlichen Beeren auf die einzelnen Formen verteilen. Im vorgeheizten Backofen bei 200 °C 25–30 Min. backen. Noch warm mit Puderzucker bestäuben und frisch gebacken servieren.

Tipp: Legen Sie 50 g Blaubeeren von den angegebenen 200 g zur Seite für die Tellergarnitur.

Blaubeermuffins

• Energie	275 kcal
• Fett	11,2 g
• Kohlenhydrate	38,4 g
• Eiweiß	4,77 g

Nährwerte je 100g

finger**food**

Ableitung von der gesunden Kost/leichten Kost in gewürfelter, von Hand gut greifbarer Form. Fingerfood bedeutet die direkte Nahrungsaufnahme von der Hand zum Mund. Sie ist ausgewogen in der Zusammenstellung und dient Personen, die aus psychischen und physischen Gründen nicht mehr mit Messer, Gabel und Löffel essen können. Die Speisen müssen bezüglich der Konsistenz und Größe einfach von der Hand zum Mund geführt werden können. Sie müssen so zubereitet und angerichtet werden, dass der Empfänger sie „fehlerfrei" greifen kann. Mit angepassten Zwischenmahlzeiten.

stangenselleriesticks für 4 Personen

Stangenselleriesticks	
Energie	108 kcal
Fett	7,3 g
Kohlenhydrate	7,35 g
Eiweiß	2,2 g

Nährwerte je 100g

Stangenselleriesticks

Bleichsellerie in „zwei Bissen große" Stücke schneiden und blanchieren. Die Äpfel schälen, entkernen und pürieren und mit der Smoothfoodmischung binden, anschließend mit der geschlagenen Sahne zu einer Creme verarbeiten, würzen.

Die blanchierten Selleriesticks mit der Apfelsahne füllen und mit etwas Shiso Kresse, Apfelschnitz und gehackter Nuss garnieren.

Stangenselleriesticks

— 200 g geschlagene Sahne
— 500 g Bleichsellerie geputzt
— 100 g Apfel geputzt
— Prise Salz aus der Mühle
— etwas Shiso Kresse
— ein paar Apfelschnitzen und ein wenig gehackter Nüsse
— 1 DL Smoothfood-mischung (Guar und Xanthazoon 1/1)
— Pfeffer weiß gemahlen
— Spritzer Zitronensaft

rindsbouillon**royal** für 4 Personen

Rindsbouillon	
· Energie	56,2 kcal
· Fett	3,17 g
· Kohlenhydrate	466 mg
· Eiweiß	6,46 g

Nährwerte je 100g

Geleabrühe

— 240 g Rindsbouillon
— 15 DL Gelea Instant

Rindsbouillon mit Eierstich im Würfel

Die Gelea Instant in der Rindsbouillon vollständig auflösen und unter Rühren zum Kochen bringen. Die Masse in eine mit Klarsichtfolie ausgelegte Form gießen und die Eierstichwürfel in gleichmäßigen Abständen in der Bouillon platzieren, um anschließend gleichmäßige Würfel schneiden zu können. Nach dem Abkühlen kann man die Masse in Würfel schneiden und diese bis 70 °C erwärmen, ohne dass sie die Form verlieren.

Tipp: Beim Garnieren beachten, dass man die Würfel sauber greifen kann.

Eierstich / Royal

· Energie	103 kcal
· Fett	6,82 g
· Kohlenhydrate	2,98 g
· Eiweiß	7,44 g

Nährwerte je 100g

Eierstich/Royal

Vollmilch aufkochen, unter Rühren zum Vollei geben und abschmecken. Eiermilch durch ein Sieb passieren und in eine mit Klarsichtfolie ausgelegte Form füllen. Im Dampf bei ca. 104 °C ca. 10 Min. pochieren.
Eierstich erkalten lassen. Stürzen und in 1 cm große Würfel schneiden.
Rindsbouillon siehe Grundrezepte S. 178

Eierstich/Royal
— 0,5 l Rindsbouillon
— 50 g Vollei, frisch
— 65 g Vollmilch
— Salz

hähnchenbrust**filet** für 10 Personen

Die Basis für diese abgewandelte Zubereitungsform ist das Rezept von Seite 72

Hähnchenbrustfilet

Reispapier in etwas warmem Wasser einweichen, anschließend das eingeweichte Reispapier auf ein sauberes Küchentuch legen und walnussgroße Reiskugeln im Papier einschlagen, so dass ein Säckchen entsteht. Die Säckchen werden danach mit dünnen Lauchstreifen, die zuvor in etwas Salzwasser blanchiert wurden, zugebunden.

Die Zucchini in dicke, zwei Bissen lange Stäbchen schneiden und in wenig Butter in der Pfanne schmoren. Die Zucchini leicht salzen und etwas pfeffern, fertig.

Hähnchenzubereitung siehe Zucchini. Die Sauce Hollandaise in einer kleinen Tasse anrichten, die man nach Wunsch mit ein paar Schnittlauchröllchen garnieren kann. Nun werden die einzelnen Menükomponenten im nötigen Abstand auf einem Teller oder einer Platte angerichtet.

Creolenreis

Energie	115 kcal
Fett	205 mg
Kohlenhydrate	25,7 g
Eiweiß	2,26 g

Nährwerte je 100g

Hähnchenbrustfilet

Energie	126 kcal
Fett	2,78 g
Kohlenhydrate	317 mg
Eiweiß	24,6 g

Nährwerte je 100g

Glacierte Zucchini

Energie	46,7 kcal
Fett	3,4 g
Kohlenhydrate	2,32 g
Eiweiß	1,6 g

Nährwerte je 100g

Sauce Hollandaise

Energie	587 kcal
Fett	64,3 g
Kohlenhydrate	984 mg
Eiweiß	2,3 g

Nährwerte je 100g

karotten-**apfel-frischkost** für 10 Personen

Dressing	
Energie	185 kcal
Fett	17,8 g
Kohlenhydrate	3,71 g
Eiweiß	2,62 g

Nährwerte je 100g

Pfannkuchenteig	
Energie	190 kcal
Fett	11,4 g
Kohlenhydrate	15,7 g
Eiweiß	6,01 g

Nährwerte je 100g

Karotten-Apfel-Frischkost	
Energie	96,2 kcal
Fett	6,12 g
Kohlenhydrate	9,17 g
Eiweiß	0,7 g

Nährwerte je 100g

Pfannkuchenteig

— 90 g Weißmehl Typ 550
— 2 g Salz
— 220 g Milch 3,5 %
— 70 g Sahne 32%
— 90 g Vollei pasteurisiert oder poluxiert
— 20 g Butter

Pfannkuchen

Mehl mit Salz, Milch, Sahne glattrühren, anschließend das Ei unterrühren. Diese Masse durch ein feines Sieb passieren und die flüssige Butter hinzufügen. Den Teig 30 Min. ruhen lassen. Vor Gebrauch nochmals gut verrühren. In einer Pfanne mit ca. 22–24 cm Durchmesser dünne Pfannkuchen/Crêpes backen. Masse ergibt ca. 10 Pfannkuchen.

Karotten-Apfel-Frischkost

Äpfel entkernen. ½ Apfel für die Garnitur zur Seite legen. Karotten und Äpfel schneiden. Alle Zutaten miteinander vermengen und fein mixen.

Dressing

Alle Zutaten miteinander verrühren evtl. noch ein Mal abschmecken.

- 4 EL süße Sahne
- 4 EL saure Sahne
- Saft von 1/2 Zitrone
- Meersalz
- frisch gemahlener Pfeffer, etwas vom Kerbel, gehackt

Garnitur

Den Lauch waschen und in feine lange Streifen schneiden, blanchieren, anschließend im Eiswasser abkühlen und zur Seite stellen. Apfel in dünne Spaltenscheiben schneiden und mit dem Zitronensaft beträufeln.

Karottenröllchen

Karottenmasse mit Hilfe eines Spritzbeutels mit Lochtülle (je nach gewünschter Röllchenstärke) auf den Pfannkuchen spritzen, zusammenrollen und in die gewünschte Bissengröße schneiden. Apfelscheibe mit einem Faden Lauch am Röllchen festbinden. Dressing in eine kleine Tasse füllen und anrichten.

Karotten-Apfel-Frischkost

- 200 g Karotten geschält
- 250 g Apfel säuerlich entkernt
- 5 g Petersilie gehackt oder Kerbel
- Saft von einer halben Zitrone
- 3 EL weißer Balsamico
- 2 EL kalt gepresstes Walnußöl
- Honig nach Geschmack
- 3 DL Smoothfood-mischung (Guar und Xanthazoon 1/1)
- frisch gemahlener Pfeffer, Meersalz
- Spritzer Zitronensaft

Garnitur

- ¼ Stange Lauch
- ½ Apfel entkernt
- Spritzer Zitronensaft

tomatencremesuppe **in gelform**

für 10 Personen

Geleabrühe

— 250 g fertige Tomatensuppe
— 10 g Gelea Instant

Milchmasse

— 250 g Vollmilch 3,5%, alternativ ist Mozzarellafond vom Büffelmozzarella zu empfehlen
— Prise Salz und Muskatnuss
— 23 g Gelea Instant

Tomatencremesuppe	
· Energie	63,9 kcal
· Fett	2,61 g
· Kohlenhydrate	4,48 g
· Eiweiß	5,47 g
	Nährwerte je 100g

Die Basis für diese abgewandelte Zubereitungsform ist das Rezept von Seite 78

Milchmasse	
· Energie	65,4 kcal
· Fett	3,56 g
· Kohlenhydrate	4,84 g
· Eiweiß	3,36 g
	Nährwerte je 100g

Tomatencremesuppe in Gelform

10 g Gelea Instant in 250 g Tomatensuppe vollständig auflösen und unter Rühren zum Kochen bringen. Die Masse in Silikonformen gießen und abkühlen lassen. Anschließend 23 g Gelea Instant mit der gewürzten Milch zum Kochen bringen, diese dann auf die Tomatenschicht geben. Jetzt kann man daraus runde, eckige Formen oder Rauten schneiden und diese garnieren. Die Suppenpads können bis 70 °C erwärmt werden, ohne dass sie die Form verlieren. Nach Belieben garnieren, aber immer darauf achten, dass man sie sauber greifen kann.

lachsfilet&tomatenschiffchen

für 10 Personen

Die Basis für diese abgewandelte Zubereitungsform ist das Rezept von Seite 80

Lachsfilet & Tomatenschiffchen

Beim Fingerfood verwenden wir ein ausgehöhltes Tomatenschiffchen, um den Spinat sauber essen zu können. Der Lachs wird in „zwei Bissen große" Stücke geschnitten und zubereitet. Die Schlosskartoffeln finden eine schon gegebene Verwendung, die Sauce wird extra gereicht.

Lachsfilet

· Energie	170 kcal
· Fett	11,4 g
· Kohlenhydrate	357 mg
· Eiweiß	16,6 g

Nährwerte je 100g

Schlosskartoffeln

· Energie	127 kcal
· Fett	7,42 g
· Kohlenhydrate	13 g
· Eiweiß	1,81 g

Nährwerte je 100g

Tomatenschiffchen

· Energie	45,7 kcal
· Fett	3,3 g
· Kohlenhydrate	1,47 g
· Eiweiß	2,13 g

Nährwerte je 100g

Safransauce

· Energie	78,2 kcal
· Fett	6,48 g
· Kohlenhydrate	2,16 g
· Eiweiß	1,65 g

Nährwerte je 100g

blaubeersahne-**eclaires** für 10 Personen

Brandteig

— 100 g Milch 3,5%
— 100 g Wasser
— 60 g Butter
— 3 g Salz
— Muskat
— 100 g Weißmehl Typ 405
— 150 g Vollei

Eclaires

Milch, Wasser, Butter und Gewürze aufkochen. Das Mehl im Sturz zufügen und mit einem Holzlöffel abrühren, bis sich die Masse vom Boden löst. Vom Herd nehmen und auskühlen lassen. Die Eier nach und nach unterrühren bis eine glatte Masse entsteht. Mit einem Spritzbeutel kleine Rosetten auf ein Blech mit Backpapier spritzen und im Ofen bei 200 °C goldbraun backen.

Blaubeersahne-Eclaires

· Energie	210 kcal
· Fett	13,9 g
· Kohlenhydrate	15 g
· Eiweiß	6,4 g

Nährwerte je 100g

Blaubeersahne

Die Sahne mit dem Vanillezucker steif schlagen und anschließend die sehr fein pürierten Blaubeeren unterziehen. Die Eclaires der Länge nach aufschneiden und mit der Blaubeersahne füllen. Anschließend die Schokolade schmelzen und mit einem Teelöffel in schnellen Bewegungen über die Eclaires ziehen. Den Teller mit ein paar Blaubeeren garnieren, servieren.

Blaubeersahne

- 250 g Sahne geschlagen
- 70 g Blaubeeren frisch geputzt
- 2 TL Vanillezucker
- 25 g Schokolade dunkel

gelierte**paprika** für 10 Personen

Gelierte Paprika

- 200 g rote Paprika
- 200 g grüne Paprika
- 200 g gelbe Paprika
- 12 g Olivenöl
- 10 g Knoblauch frisch sehr fein gehackt
- 10 g Fleur de Sel
- Prise Zucker
- 42 g Gelea Instant
- 450 g Gemüsebrühe

Gelierte Paprika

Paprika sortiert putzen und klein schneiden. Jede Sorte wird jetzt kurz in der Pfanne mit ein paar Tropfen Olivenöl und etwas Knoblauch angeschwitzt und gewürzt, anschließend mit 150 g Gemüsebrühe in einen Pacossierbecher gefüllt und für 24 Std. eingefroren. Am nächsten Tag wird jede Sorte im Pacojet abgefräst, in einem kleinen Topf erhitzt und jeweils mit 14 g Gelea Instant aufgekocht. Jetzt werden die Massen nacheinander in einem mit Folie ausgelegten Gefäß ausgeschichtet.

Tipp: Die Schicht erst auskühlen lassen, bevor die nächste darauf gegeben wird. Zum Anrichten wird ein wenig Tomatensauce benötigt, siehe Grundrezept **Tomatencremesuppe** S. 179.

Gelierte Paprika

- Energie 27,2 g
- Fett 1,3 g
- Kohlenhydrate 2,86 g
- Eiweiß 863 mg

Nährwerte je 100g

windbeutel&berglinsencreme für 10 Personen

Windbeutel

- 100 g Milch 3,5%
- 100 g Wasser
- 60 g Butter
- 3 g Salz
- Muskat
- 100 g Weißmehl Typ 405
- 150 g Vollei

Windbeutel

Milch, Wasser, Butter und Gewürze aufkochen. Das Mehl im Sturz zufügen und mit einem Holzlöffel abrühren, bis sich die Masse vom Boden löst. Vom Herd nehmen, auskühlen lassen. Die Eier nach und nach unterrühren, bis eine glatte Masse entsteht. Mit einem Spritzbeutel kleine Rosetten auf ein Blech mit Backpapier spritzen und im Ofen bei 200 °C goldbraun backen.

Berglinsencreme

Das Linsenmehl in die kochende Gemüsebrühe einstreuen, 2–4 Min. bei geringer Hitze köcheln lassen, dabei immer umrühren. Die Masse für eine viertel Stunde im Wasserbad ziehen lassen. Zwiebeln sehr fein würfeln und mit dem Knoblauch im Olivenöl anschwitzen und zur Linsenmasse geben. Wenn diese erkaltet ist, wird der Quark untergerührt und nochmals mit Salz und dem Essig abgeschmeckt. Anschließend werden die Windbeutel damit gefüllt. Ausgarnieren und servieren.

Als Alternative: Schinken-Füllung

Käse und Schinken in Würfel von 5–6 mm schneiden. Käse, Schinken, Joghurt, Salz und Pfeffer vermischen. Windbeutel quer halbieren und mit obiger Masse füllen. Windbeutel und Deckel im Ofen bei etwa 200 °C etwa 5–7 Min. wärmen, bis der Käse langsam schmilzt. Deckel aufsetzen und die Windbeutel auf Teller anrichten.

Berglinsencreme

— 60 g Berglinsen fein gemahlen
— 125 g Gemüsebrühe
— 1 TL Kräutersalz
— 2 EL Balsamicoessig
— 1 EL Olivenöl
— 150 g Quark
— 1 kleine Zwiebel
— etwas Knoblauch

Schinken-Füllung

— 200 g Camembert
— 100 g Schinken gekocht
— 60 g Joghurt Natur
— abschmecken mit Salz und Pfeffer

Windbeutel	
Energie	210 kcal
Fett	13,9 g
Kohlenhydrate	15 g
Eiweiß	6,4 g
	Nährwerte je 100g

Berglinsencreme	
Energie	186 kcal
Fett	13,8 g
Kohlenhydrate	8,59 g
Eiweiß	6,67 g
	Nährwerte je 100g

Schinkenfüllung	
Energie	215 kcal
Fett	14,3 g
Kohlenhydrate	1,54 g
Eiweiß	20,2 g
	Nährwerte je 100g

schinken**kroketten** für 10 Personen

Schinkenkroketten
- 90 g Butter
- 100 g Zwiebeln
- 90 g Weißmehl
- 250 g 3,5 % Milch
- 150 g Bouillon, nicht zu stark gewürzt
- 100 g Hinterschinken

Panade
- 60 g Weißmehl
- 2 Eier
- 50 g Paniermehl

Frittieren
- 1.5 l Öl

Schinkenkroketten	
• Energie	225 kcal
• Fett	14,7 g
• Kohlenhydrate	15,4 g
• Eiweiß	7,92 g
	Nährwerte je 100g

Schinkenkroketten

Butter schmelzen, die fein geschnittenen Zwiebeln, Schinkenwürfel beigeben und gut dünsten, das Mehl dazu geben und tüchtig mit einer Holzspachtel abrühren. Die heiße Milch/Bouillon dazu gießen und unter ständigem Rühren zu einer dicken Sauce kochen.

Etwas auskühlen lassen und mittels Spritzbeutel und einer runden Tülle fingergroße Kroketten auf ein mit Mehl bestäubtes Blech spritzen.

Die Kroketten mit Mehl bestäuben, durchs Ei ziehen und panieren. Frittieren im 180 °C heißen Öl.

speckküchlein für 10 Personen

Speckküchlein

- 1000 g Kartoffeln, mehlige Sorte
- 4 Eier
- 2 Eigelb
- 50 g Butter
- 50 g Mehl
- abschmecken mit Salz und Pfeffer
- etwas Kümmel, ganz fein gehackt
- 140 g Zwiebeln
- 140 g Speck, geräuchert
- 90 g Quark, mager

Speckküchlein

Die Kartoffeln schälen, in Salzwasser kochen, abkühlen, trocknen lassen und reiben. Aus den Eiern, Eigelben, der Butter und dem Mehl ein Roux herstellen.

Die geriebenen Kartoffeln mit dem Roux zu einem Teig verarbeiten. Die Zwiebeln schälen, fein schneiden und andünsten. Den Speck in kleine Würfel schneiden. Zwiebeln, Speck und Quark vermischen und zu der Kartoffelmasse mischen, mit Salz, Pfeffer und Kümmel abschmecken.

Den Teig zu einer Rolle formen und kleine Plätzchen abschneiden. Butter in einer Pfanne zerlassen und die Taler beidseitig braten.

Speckküchlein	
Energie	117 kcal
Fett	5,43 g
Kohlenhydrate	11 g
Eiweiß	5,77 g

Nährwerte je 100g

spaghetti**sticks** für 10 Personen

Spaghetti-Sticks

· Energie	259 kcal
· Fett	10,8 g
· Kohlenhydrate	32,5 g
· Eiweiß	7,64 g

Nährwerte je 100g

Spaghetti-Sticks

— 600 g Bechamelsauce
— 300 g Spaghetti
— 4 Eier
— 200 g Weißmehl
— 400 g Paniermehl
— 2 l Pflanzenöl

Spaghetti-Sticks

300g Bechamelsauce herstellen (dicklich halten). Spaghetti in Salzwasser al dente kochen, kalt abspülen und in die Bechamelsauce geben.

Die Masse auf ein Blech ausgießen und kalt werden lassen. Danach in kleine Sticks schneiden. Mit Mehl bestäuben, durchs das verquirlte Ei ziehen, panieren und goldgelb frittieren.

crostini **mit tomaten** für 10 Personen

Crostini mit Tomaten

• Energie	139 kcal
• Fett	6,63 g
• Kohlenhydrate	16,7 g
• Eiweiß	2,83 g

Nährwerte je 100g

Crostini mit Tomaten

Tomaten waschen, Stielansatz ausstechen, schälen; sodann halbieren, Kerne entfernen und in feine Würfel schneiden. Die Würfel würzen mit Salz, Pfeffer und dem Olivenöl. Basilikum waschen, trocknen und in feine Streifen schneiden; einige Blätter aufheben für die Garnitur. Die Streifen vom Basilikum zu den Tomaten geben – vorsichtig umrühren.

Brot in 1 cm dicke Scheiben schneiden und ohne Fett beidseitig leicht rösten. Den Knoblauch schälen, leicht mit dem Messer zerdrücken und auf die warmen Brotscheiben streichen. Die Brotscheiben auf einem Teller oder einer Platte anrichten und die Tomaten-Olivenölmischung darüber verteilen, mit den Basilikumblättern garnieren.

Crostini mit Tomaten

— 1000 g Tomaten (Fleisch) abschmecken mit Salz, Pfeffer aus der Mühle

— 100 g Olivenöl, kalt gepresst

— 2 Basilikum, Bund

— 2 St. Ciabatta-Brot

— 6 Knoblauchzehen

Schokolade & Früchte
- 300 g Beerenfrüchte gemischt
- 100 g Schokolade dunkel
- 10 Pralinenhohlkugeln
- etwas Xanthazoon

Schokolade & Früchte

· Energie	213 kcal
· Fett	11,1 g
· Kohlenhydrate	25 g
· Eiweiß	2,84 g

Nährwerte je 100g

Schokolade & Früchte

Beerenfrüchte waschen, trocken tupfen und auf einem Küchentuch bereitstellen.

Schokolade zerkleinern und im Wasserbad bei 37 °C schmelzen, die vorbereiteten Früchte zu einem Drittel in die geschmolzene Schokolade tauchen und auf ein Blech mit Pergamentpapier stellen, erkalten lassen. Aus einem Drittel der Früchte ein Fruchtpüree mixen und mit etwas Xanthazoon binden, so dass eine spritzfähige Masse entsteht, evtl. mit Puderzucker etwas nachsüßen und mit Hilfe eines Spritzbeutels mit kleiner Lochtülle die Hohlkugeln füllen. Das Loch wird mit einer Blaubeere verschlossen, die Hohlkugel kurz in etwas flüssige Schokolade tauchen und auf das Bachblech stellen zum Erkalten. Die Pralinen haben so einen besseren Stand.

beerenfrüchte **als gelblöcke** für 10 Personen

Beerenfrüchte als Gelblöcke

Das Mineralwasser mit der Minze und dem Zucker ein Mal aufkochen lassen, Minzeblättchen wieder herausnehmen und den Fond abkühlen lassen. Agarzoon in den Fond geben und bis zur völligen Auflösung des Pulvers gut durchmischen. Anschließend unter Rühren die Lösung kurz aufkochen, den Fond und die Früchte in eine Silikonform geben und zum Abkühlen und Gelieren stehen lassen. Anschließend in mundgerechte Stücke schneiden und servieren.

Tipp: Durch die Verwendung von Minze wird der Geschmack von Agar-Agar in den Hintergrund gestellt.

Gelblöcke aus Gelea

— 160 g Mineralwasser still
— 10 DL Agarzoon
— 2 Minzeblättchen
— 600 g frische Beeren je nach Bedarf
— 20 g Staubzucker

Beerenfrüchte / Gelblöcke	
· Energie	64,9 kcal
· Fett	213 mg
· Kohlenhydrate	14,5 g
· Eiweiß	543 mg

Nährwerte je 100g

Normalkost Fingerfood pürierte Kost passierte Kost Schaumkost

eat by **walking**

eat by walking

Diese Kostform soll demenziell veränderten Menschen mit einem starken Bewegungsdrang helfen, sich auf ihrem immer wiederkehrenden Weg ausreichend zu ernähren. Stets ohne Rast und Ruh, aber immer mal wieder ein wenig Zeit, etwas Gutes für den Gaumen zu tun.

löffelgustationen

Rinderkraftbrühe mit Eierstich in Gelform – Rezept S. 98

Tomatencremesuppe in Gelform – Rezept S. 104

Stangenselleriesalat – Rezept S. 96

fisch**mousse** für 10 Personen

Fischmousse	
• Energie	71,4 kcal
• Fett	164 mg
• Kohlenhydrate	15,6 g
• Eiweiß	595 mg

Nährwerte je 100g

Fischmousse als Löffelgustation

Fisch fein würfeln, mit der Sahne und den Gewürzen in einen Pacossierbecher füllen und zwei Mal mit der Kutterscheibe vom Cope Set kuttern. Zum Färben der zweiten Masse hier etwas Rote Bete-Saft nehmen. Alternativ kann man dieses auch in einem Blixer kuttern. Hierbei ist stets auf die Temperatur zu achten, denn die Masse kann, wenn sie zu warm wird, leicht gerinnen. Anschließend wieder in Form bringen und bei Niedertemperatur von 65–70 °C garen.

Fischfarce

— 250 g Welsfilet
— 250 ml Sahne
— Salz, Pfeffer aus der Mühle
— Spritzer Rote Bete-Saft

pürierte**kost**

pürierte Kost

Ableitung von der gesunden Kost/leichten Kost in fein gehackter bis pürierter Form (durch den Fleischwolf, Mixer, Cutter, Pacojet – hat noch kleinste Rückstände).
Diese Kostform hat noch kleine Krümelchen und regt dadurch den Verdauungsprozess besser an. Sollte ohne große Kaubewegung einzunehmen sein. Mit angepassten Zwischenmahlzeiten.

stangen**sellerie** für 4 Personen

Stangensellerie	
• Energie	118 kcal
• Fett	10,3 g
• Kohlenhydrate	4,01 g
• Eiweiß	2,17 g

Nährwerte je 100g

Stangensellerie

- 100 g geschlagene Sahne
- 250 g Stangensellerie geputzt
- 25 g Walnuss gehackt
- 50 g Apfel geputzt
- Prise Salz aus der Mühle
- Pfeffer weiß gemahlen
- Spritzer Zitronensaft

Stangensellerie

Stangensellerie in feine Streifen schneiden, blanchieren. Äpfel entkernen und diese auch in feine Stückchen schneiden. Die gehackten Nüsse zugeben und alles mit Salz, Pfeffer und dem Spritzer Zitronensaft würzen, mit der geschlagenen Sahne sehr fein mixen, gegebenenfalls mit 1–2 DL Xanthazoon.

rindsbouillon**royal** für 4 Personen

Eierstich / Royal

- 0,5 l Rindsbouillon
- 50 g Vollei, frisch
- 65 g Vollmilch
- Salz

Rindsbouillon	
Energie	56,2 kcal
Fett	3,17 g
Kohlenhydrate	466 mg
Eiweiß	6,46 g

Nährwerte je 100g

Eierstich / Royal	
Energie	103 kcal
Fett	6,82 g
Kohlenhydrate	2,98 g
Eiweiß	7,44 g

Nährwerte je 100g

Eierstich / Royal

Vollmilch aufkochen, unter Rühren zum Vollei geben und abschmecken. Eiermilch durch ein Sieb passieren und in eine mit Klarsichtfolie ausgelegte Form füllen. Im Dampf bei ca. 104° C ca. 10 Min. pochieren. Eierstich erkalten lassen. Stürzen und in 1 cm große Würfel schneiden.

Rindsbouillon siehe Grundrezepte S. 178

gemüseflan&gelierte sprossefäden

für 10 Personen

Kräuterdressing	
Energie	164 kcal
Fett	16 g
Kohlenhydrate	3,91 g
Eiweiß	1,47 g

Nährwerte je 100g

Gemüseflan mit Sprossen	
Energie	432 kcal
Fett	47 g
Kohlenhydrate	2,53 g
Eiweiß	1,42 g

Nährwerte je 100g

Kräuterdressing

— 50 g Gemüsebrühe
— 30 g Pimpernelle
— 30 g Blattpetersilie
— 30 g Kerbel
— etwas Senf
— Spritzer Zitrone
— 150 g Rapsöl
— 2 DL Guarzoon
— Salz

Kräuterdressing

Gemüsebrühe mit den Kräutern fein mixen und mit dem Guarzoon binden. Senf, Zitrone und Salz zugeben. Öl in einem dünnen Strahl einlaufen lassen und somit emulgieren. Würzig abschmecken.

Brokkolimasse

Den Brokkoli in einem Gefäß im Polluxiergerät bei 58 °C ½ Stunde dämpfen, anschließend im Thermomix bei 50 °C mit der Sahne sehr fein mixen und die Gelatine hinzugeben, kurz auflösen lassen. Jetzt die Masse in Förmchen füllen. Abkühlen lassen. Und mit der nächsten Schicht genauso verfahren.

Karottenmasse

Die Zubereitung der Karottenmasse erfolgt ebenso wie die Herstellung der Brokkolimasse.

Blumenkohlmasse

Die Zubereitung der Blumenkohlmasse erfolgt ebenso wie die Herstellung der Brokkolimasse.

Alfa Alfa Sprossen

Die Sprossen in einer Saftquetsche zu Fond verarbeiten und im Pacojet mit dem Mineralwasser und den Gewürzen einfrieren. Nach 24 Stunden einmal pacossieren und den Fond mit dem Gellazoon einmal kurz aufkochen. In eine Form gießen, erkalten lassen und in feine Streifen raspeln. Mit dem Kräuterdressing und dem Gemüseflan anrichten.

Brokkolimasse

— 200 g Brokkoli
— 300 g Sahne
— 1 TL Weizengraspulver
— Muskatnuss, Salz
— Prise Zucker
— 5 Blatt Gelatine

Karottenmasse

— 200 g Karotten
— 300 g Sahne
— ½ TL karamell. Zucker
— Muskatnuss, Prise Salz
— 5 Blatt Gelatine

Blumenkohlmasse

— 200 g Blumenkohl
— 300 g Sahne
— Spritzer Zitronensaft
— Muskatnuss, Salz
— Prise Zucker
— 5 Blatt Gelatine

Alfa Alfa Sprossen

— 300 g Alfa Alfa Sprossen
— 20 g Mineralwasser still
— 1 TL Weizengraspulver
— Salz, Prise Zucker
— 6 DL Gellazoon low

fisch-**bohnen&knödel** für 10 Personen

Bohnenterrine	
· Energie	28,7 kcal
· Fett	189 mg
· Kohlenhydrate	2,72 g
· Eiweiß	3,91 g

Nährwerte je 100g

Miniknödel	
· Energie	121 kcal
· Fett	6,83 g
· Kohlenhydrate	11,8 g
· Eiweiß	2,85 g

Nährwerte je 100g

Fischfarce	
· Energie	108 kcal
· Fett	7,3 g
· Kohlenhydrate	7,35 g
· Eiweiß	2,2 g

Nährwerte je 100g

Bohnenterrine

— 300 g Gemüsebrühe
— 300 g Bohnen extra fein
— Salz, Zucker und etwas Butter flüssig
— Bohnenkraut
— 6 Eiweiß
— 4 DL Smoothfood-mischung (Guar und Xanthazoon 1/1)

Bohnenterrine

Bohnen zerkleinern und in der Gemüsebrühe garen, abschmecken. Im Mixer sehr fein zerkleinern, anschließend Eiweiß und Smoothfoodmischung unterrühren und noch ein Mal kurz mixen.

Sollte die Masse nicht fein genug sein, muss diese noch ein Mal durch ein feines Sieb gestrichen werden. Die Masse in Silikonförmchen (Muffinformen) oder eine Terrinenform geben, mit kochstabiler Klarsichtfolie abdecken und im Ofen mit Dampf oder Wasserbad stocken lassen.

Fischfarce

Fischfilet in Würfel schneiden und mit der Sahne und den anderen Zutaten vermengen, alles in einen Pacobecher füllen und glatt streichen. Die Masse für 24 Std. bei –20 Grad einfrieren. Den Becher zwei Mal pacossieren. Jetzt kann die Farce weiterverarbeitet werden z. B. als Klößchen oder Terrine.

Tipp: Die Massen teilen, einen Teil mit Safran einfärben. Optimale Temperatur zum Garen liegt bei 65–70 °C. Mit dem Pochieren bei Niedertemperatur erhält man das beste Ergebnis.

Tipp: Ist kein Pacojet vorhanden, benötigt man eine Moulinette um die Farce herzustellen. Wichtig: kleine Mengen einfüllen, um unnötiges Erwärmen beim Mixen zu vermeiden.

Fischfarce

— 400 g Lachsfilet ohne Haut oder Pangasiusfilet
— 400 g Sahne 32%
— 12 g Salz
— Prise weißer Pfeffer, gemahlen

Miniknödel aus gekochter und roher Kartoffel

Die Hälfte der Kartoffeln in Salzwasser kochen und erkalten lassen. Die rohen Kartoffeln fein reiben und mit einem Tuch auspressen. Zusammen mit dem Eigelb und den gekochten geriebenen Kartoffeln mischen und abschmecken. Kleine Knödel formen und in Salzwasser garen, wenn sie oben schwimmen werden die Knödel herausgenommen auf einem Küchenpapier abgetropft und in der schäumenden Butter geschwenkt. Ein paar gehackte Kräuter dazugeben und anrichten.

Miniknödel

— 1000 g Kartoffel
— 75 g Eigelb
— 120 g Vollmilch
— 12 g Salz
— 70 g Butter
— Pfeffer, Muskat

hähnchenbrust**filet** für 10 Personen

Creolenreis
- Energie 115 kcal
- Fett 205 mg
- Kohlenhydrate 25,7 g
- Eiweiß 2,26 g

Nährwerte je 100g

Die Basis für diese abgewandelte Zubereitungsform ist das Rezept von Seite 72

Hähnchenbrustfilet

Ableitung in fein gehackter bis pürierter Form (durch den Fleischwolf, Mixer, Cutter).

Das rohe Hähnchenfleisch wird durch den Fleischwolf (feine Scheibe) getrieben, anschließend wieder in eine Filet ähnliche Form gebracht und in der Pfanne mit wenig Fett gebraten. Reis und Zucchini können gegart im Mixer so zerkleinert werden, dass man sie anschließend anrichten kann.

Tipp: Reis und Zucchini in einem kleinen Ring portionieren, so gelingt eine schönere Optik beim Anrichten.

Garnituren

Kleine Schnittlauchröllchen sind bei dieser Kostform noch erlaubt.

Hähnchenbrustfilet	
• Energie	126 kcal
• Fett	2,78 g
• Kohlenhydrate	317 mg
• Eiweiß	24,6 g
	Nährwerte je 100g

Glacierte Zucchini	
• Energie	46,7 kcal
• Fett	3,4 g
• Kohlenhydrate	2,32 g
• Eiweiß	1,6 g
	Nährwerte je 100g

Sauce Hollandaise	
• Energie	587 kcal
• Fett	64,3 g
• Kohlenhydrate	984 mg
• Eiweiß	2,3 g
	Nährwerte je 100g

himbeere&bisquit für 4 Personen

Himbeere & Bisquit

• Energie	210 kcal
• Fett	6,98 g
• Kohlenhydrate	31,9 g
• Eiweiß	3,97 g

Nährwerte je 100g

Die Basis für diese abgewandelte Zubereitungsform ist das Rezept von Seite 74

Himbeer & Bisquit

Bei dieser Kostform wird der Bisquit zerbröselt, die Himbeeren zerdrückt unter die Sahne gehoben und beides schichtweise schön angerichtet.

karotten-**apfel-frischkost** für 4 Personen

Karotten-Apfel-Frischkost

- 200 g Karotten geschält
- 200 g Apfel säuerlich, entkernt
- 20 g Sonnenblumenkerne
- 5 g Petersilie gehackt oder Kerbel
- Saft von einer halben Zitrone
- 3 EL weißer Balsamico
- 3 EL kalt gepresstes Walnussöl
- Honig
- frisch gemahlener Pfeffer, Meersalz
- Spritzer Zitronensaft

Karotten-Apfel-Frischkost

Äpfel entkernen. Karotten und Apfel in Rauten schneiden, anschließend mit dem Dressing vermengen und mixen. Sonnenblumenkerne über Nacht einweichen, grob zerkleinern und im Glas unter der Rohkost anrichten. **Tipp:** Mit etwas Shiso Kresse garnieren.

Karotten Apfel-Frischkost	
· Energie	96,2 kcal
· Fett	6,12 g
· Kohlenhydrate	9,17 g
· Eiweiß	0,7 g

Nährwerte je 100g

tomatencreme**suppe** für 4 Personen

Tomatencremesuppe	
• Energie	48,7 kcal
• Fett	2,75 g
• Kohlenhydrate	4,72 g
• Eiweiß	1,18 g
	Nährwerte je 100g

Tomatencremesuppe

Ableitung des Grundrezeptes von S. 179. Die Tomatencremesuppe wird in pürierter Form gereicht.

lachsfilet&möhrenperlen **für 10 Personen**

Lachsfilet

Energie	170 kcal
Fett	11,4 g
Kohlenhydrate	357 mg
Eiweiß	16,6

Nährwerte je 100g

Lachsfilet & Möhrenperlen

Ableitung des Rezeptes von S. 80 in fein gehackter bis pürierter Form (durch den Fleischwolf, Mixer, Cutter). Aufgrund seiner Konsistenz braucht man beim Lachsfilet keinen Fleischwolf. Alternativ kann man aber auch die Fischfarce der passierten Kost nehmen.

Tipp: Durch eine Spätzlepresse die Kartoffeln so durchdrücken, dass man kleine Vermicelle-Häufchen erhält. Der Spinat wird mit einem Messer gehackt. So gelingt eine schönere Optik beim Anrichten.

Die vollständigen Nährwertangaben finden Sie auf S. 80.

Garnituren

Auch hier finden die Möhrenperlen Verwendung.

blaubeer**sahne** für 4 Personen

Blaubeersahne

Hier findet die Blaubeersahne ihre Verwendung. Bei sehr kleinen Blaubeeren können diese auch noch zur Garnitur verwendet werden. **Blaubeersahne** siehe Rezept der Normalkost S. 77.

Tipp: Blaubeeren (im Volksmund Heidelbeeren) sind auch in der Naturheilkunde beliebt. Getrocknet eignen sich die Beeren bei Durchfall, frische Heidelbeeren fördern die Verdauung. Sie wirken cholesterinsenkend und antioxidativ.

Blaubeersahne	
· Energie	193 kcal
· Fett	13,5 g
· Kohlenhydrate	16,2 g
· Eiweiß	1,37 g
	Nährwerte je 100g

passierte**kost**

passierte Kost

Ableitung von der gesunden Kost/leichten Kost. Die festen Nahrungsmittel werden durch den Wolf getrieben, gecuttet oder mit dem Pacojet pacossiert, anschließend durch ein Sieb getrieben, so dass keine Krümelchen mehr vorhanden sind. Kann ohne große Kaubewegung eingenommen bzw. geschluckt werden. Mit angepassten Zwischenmahlzeiten.

sellerie **in gelform** für 4 Personen

Sellerie in Gelform

- 200 g frisch gepresster Selleriesaft
- 4 DL Gellazoon low
- Prise Salz und Zucker

Sahne in Gelform

- 60 g geschlagene Sahne 32 %
- Prise Salz und Muskatnuss
- 30 g sehr fein geriebener Apfel ohne Schale
- Messerspitze Mandelmus

Sahne in Gelform	
Energie	233 kcal
Fett	22,2 g
Kohlenhydrate	6,67 g
Eiweiß	2,48 g

Nährwerte je 100g

Sellerie in Gelform	
Energie	88,7 kcal
Fett	7,82 g
Kohlenhydrate	3,31 g
Eiweiß	1,43 g

Nährwerte je 100g

Sellerie in Gelform

4 gestrichene DL Gellazoon low in 200 g gewürztem Selleriesaft klumpenfrei lösen und unter Rühren kurz aufkochen. Anschließend die Lösung in Formen oder als dünne Schicht ausgießen.

Sahne in Gelform

Die Sahne steif schlagen und mit den restlichen Zutaten vermischen und zwischen den Sellerieschichten anrichten, mit etwas vom Apfelmus garnieren und evtl. einen Farbtupfer aus Waldfruchtgelee aufsetzen.

rindsbouillon**royal** für 4 Personen

Rindsbouillon Royal

Bei dieser Form verzichten wir auf gehackte Petersilie, da diese zum Verschlucken führen würde. Wir nehmen den Eierstich so wie er im Normalkostrezept hergestellt wird und servieren diesen in einer nach Bedarf angedickten Rindsbouillon. Das kann mit einer Speisestärke geschehen, aber auch mit der Smoothfoodmischung, hergestellt zu gleichen Teilen aus Xanthazoon und Guarzoon. Hierbei berechnen wir je 2 DL Smoothfoodmischung auf 500 ml Brühe.

Die Basis für diese abgewandelte Zubereitungsform ist das Rezept von Seite 71

hähnchenbrust**filet** **für 10 Personen**

Zucchinipüree

· Energie	78 kcal
· Fett	6,08 g
· Kohlenhydrate	4,23 g
· Eiweiß	1,57 g

Nährwerte je 100g

Mousse vom Creolenreis

— 200 g Sahne
— 100 g Arborio Reis
— 200 g Salzwasser

Die Basis für diese abgewandelte Zubereitungsform ist das Rezept von Seite 72

Mousse vom Creolenreis

Den Reis in der doppelten Menge Salzwasser garen und anschließend im Mixer sehr fein pürieren, mit der Sahne verfeinern und nochmals durch ein Sieb streichen.

Zucchinipüree

Zwei kleine geputzte Zucchini in etwas Butter glacieren, mit Salz aus der Mühle und einer Priese weißem Pfeffer abschmecken, anschließend im Mixer fein pürieren und mit einem Spritzer Sahne und etwas Salz verfeinern, wenn nötig mit etwas Smoothfoodmischung (Guar und Xanthazoon 1/1) andicken.

Geflügelfarce

- 250 g Geflügelfleisch
- 250 g Sahne
- 1 Eiweiß

Geflügelfarce

Fleisch fein würfeln mit der Sahne und dem Ei in einen Pacossierbecher füllen und zwei Mal mit der Kutterscheibe vom Cope Set kuttern. Anschließend wieder in Filetform spritzen und bei Niedertemperatur von 65–70 °C garen. Danach kann man die Filets noch ein Mal etwas anbraten, um Farbe zu geben. **Sauce Hollandaise** siehe Hauptrezept S. 73

Tipp: Den Reis und das Gemüse in einen kleinen Ring portionieren, so gelingt eine schönere Optik beim Anrichten.

Garnituren

Bei dieser Kostform darf nur noch passierte Garnitur verwendet werden, um ein Verschlucken zu vermeiden.

Geflügelfarce	
• Energie	127 kcal
• Fett	7,73 g
• Kohlenhydrate	2,33 g
• Eiweiß	12,2 g
	Nährwerte je 100g

Mousse vom Creolenreis	
• Energie	184 kcal
• Fett	12,1 g
• Kohlenhydrate	16,7 g
• Eiweiß	2,35 g
	Nährwerte je 100g

Sauce Hollandaise	
• Energie	587 kcal
• Fett	61,3 g
• Kohlenhydrate	984 mg
• Eiweiß	2,3 g
	Nährwerte je 100g

himbeer**creme** für 0,5 l-Whiperflasche

Himbeercreme	
· Energie	170 kcal
· Fett	9,35 g
· Kohlenhydrate	14,4 g
· Eiweiß	5,78 g
	Nährwerte je 100g

Himbeercreme

— 100 g Sahne
— 100 g Quark
— 100g Himbeermark
— 30 g Zucker

Himbeercreme

Die geschlagene Sahne mit dem Quark und dem Zucker verrühren und anschließend das Himbeermark unterziehen.

Tipp: Lassen Sie etwas vom Himbeermark zurück, mit diesem können ein paar gefällige Dekorstreifen über das Dessert gezogen werden.

karotten-apfel-**frischkost** für 4 Personen

Karotten-Apfel-Frischkost

· Energie	96,2 kcal
· Fett	6,12 g
· Kohlenhydrate	9,17 g
· Eiweiß	0,7 g

Nährwerte je 100g

Karotten-Apfel-Frischkost

- 200 g Karotten geschält
- 200 g Apfel säuerlich entkernt
- 5 g Petersilie gehackt oder Kerbel
- Saft von einer halben Zitrone
- 2 EL geriebene Nüsse
- 3 EL Crema de Balsamico Limone
- 3 EL kalt gepresstes Walnussöl
- 2 DL Smoothfoodmischung (Guar und Xanthazoon 1/1)
- Honig nach Geschmack
- frisch gemahlener Pfeffer, Meersalz
- Spritzer Zitronensaft

Karotten-Apfel-Frischkost

Äpfel entkernen. Karotten und Äpfel in Rauten schneiden, anschließend die gemahlenen Nüsse zugeben. Alle Zutaten mit dem Dressing vermengen und sehr fein mixen. Danach durch ein feines Sieb streichen und in Gläser füllen.

Mit Hilfe vom Pacojet gelingt diese Art von Kostform natürlich besonders gut. Der Pacojet zerkleinert im tiefgekühlten Bereich, somit verliert Rohkost keine Vitamine und man bekommt trotz der sehr feinen Form eine Rohkost.

lachsfilet&möhrentropfen für 4 Personen

Kartoffelmousseline	
· Energie	147 kcal
· Fett	10,2 g
· Kohlenhydrate	11,6 g
· Eiweiß	1,93 g
	Nährwerte je 100g

Fischfarce	
· Energie	208 kcal
· Fett	18 g
· Kohlenhydrate	1,71 g
· Eiweiß	10,4 g
	Nährwerte je 100g

Spinat	
· Energie	56,1 kcal
· Fett	4,38 g
· Kohlenhydrate	1,28 g
· Eiweiß	2,5 g
	Nährwerte je 100g

Kartoffelmousseline

— 550 g Kartoffeln
— 50 g Butter
— 100 g Sahne
— Muskatnuss gemahlen
— Salz

Kartoffelmousseline

Die mehlig kochenden Kartoffeln im Salzwasser garen und anschließend stampfen, bis sie sehr fein sind, mit der Sahne und Butter verfeinern und abschmecken.

Die **Möhrenperlen** werden auf dem Teller platziert und aufgestochen. Zur Herstellung der Möhrenperlen siehe Grundrezept S. 181.

Fischfarce

Fisch fein würfeln, mit der Sahne und dem Ei in einen Pacossierbecher füllen und zwei Mal mit der Kutterscheibe vom Cope Set kuttern. Alternativ kann man dieses auch in einer Moulinette kuttern. Hierbei ist stets auf die Temperatur zu achten, da die Masse, wenn sie zu warm wird, leicht gerinnt. Anschließend wieder in Form bringen und bei Niedertemperatur von 65–70 °C garen.

Spinat

Die Zwiebelwürfel in der Butter glasig dünsten, den Spinat darin kurz durchschwenken und mit dem Knoblauch und der Sahne verfeinern. Mit Salz und Pfeffer aus der Mühle würzen und mit etwas Muskat abrunden. Diese Masse sehr fein pürieren und durch ein Sieb streichen, mit der Gelea Instant aufkochen und wieder abkühlen lassen.

Tipp: Beim Anrichten gelingt eine schönere Optik, wenn man einen Spritzbeutel für das Kartoffelmousseline und einen Mousseportionierer für den Spinat nimmt.

Garnituren

Bei dieser Kostform sollte nur noch passierte Garnitur verwendet werden, um ein Verschlucken zu vermeiden.

Fischfarce

- 250 g Lachsfilet
- 250 g Sahne
- Salz und Pfeffer aus der Mühle

Spinat

- 500 g Spinat gewaschen und geputzt
- 50 g Sahne 32 %
- etwas Zwiebel gewürfelt
- 10 g Butter
- 18 g Gelea Instant
- Knoblauch
- Salz, Pfeffer, Muskatnuss gemahlen

blaubeer**creme** für 4 Personen

Blaubeercreme
- Energie 134 kcal
- Fett 1,58 g
- Kohlenhydrate 27,7 g
- Eiweiß 1,5 g

Nährwerte je 100g

Blaubeercreme

— 300 g Vollmilch 3,5%
— 200 g Blaubeeren
— 60 g Zucker
— 1 P Vanillezucker
— 1 DL Smoothfood-mischung (Guar und Xanthazoon 1/1)
— 6 DL Iotazoon
— 100 g Cassissirup

Blaubeercreme

Milch mit den Blaubeeren mixen. Anschließend die Blaubeermilch durch ein feines Sieb passieren und mit den anderen Zutaten ein Mal kurz aufkochen. Die Masse in eine 0,5 l-Whiperflasche füllen und mit einer Patrone begasen. Über Nacht kalt stellen, vor dem Servieren kräftig schütteln und portionieren.

gemüse**parfait** für 10 Personen

Gemüseparfait	
Energie	183 kcal
Fett	17,3 g
Kohlenhydrate	3,9 g
Eiweiß	3,35 g
	Nährwerte je 100g

Romanescomasse

Den Romanesco mit etwas Zitronensaft bei 58 °C eine Stunde dämpfen und anschließend im Mixer mit der Sahne sehr fein mixen. Die eingeweichte Gelatine ausdrücken und unter die noch warme Masse geben, auflösen lassen. Jetzt die Masse in Gläser füllen. Abkühlen und mit der nächsten Schicht genauso verfahren.

Karottenmasse

Die Zubereitung der Karottenmasse erfolgt ebenso wie die Herstellung der Romanescomasse.

Blumenkohlmasse

Die Zubereitung der Blumenkohlmasse erfolgt ebenso wie die Herstellung der Romanescomasse.

Romanescomasse

- 200 g Romanesco
- 300 g Sahne
- 1 TL Weizengraspulver
- Muskatnuss, Salz, Prise Zucker
- 2 Blatt Gelatine

Karottenmasse

- 200 g Karotten
- 300 g Sahne
- ein Spritzer Zitronensaft
- ½ TL karamellisierten Zucker
- Muskatnuss, Prise Salz
- 2 Blatt Gelatine

Blumenkohlmasse

- 200 g Blumenkohl
- 300 g Sahne
- ein Spritzer Zitronensaft
- Muskatnuss, Salz, Prise Zucker
- 2 Blatt Gelatine

gelform**salat** **für 10 Personen**

Karottenstreifen

Energie	33,6 kcal
Fett	284 mg
Kohlenhydrate	6,26 g
Eiweiß	1,07 g

Nährwerte je 100g

Gurkenstreifen

Energie	19,3 kcal
Fett	0,2 g
Kohlenhydrate	3,56 g
Eiweiß	612 mg

Nährwerte je 100g

Selleriewürfel

Energie	43,4 kcal
Fett	1,7 g
Kohlenhydrate	4,86 g
Eiweiß	0,99 g

Nährwerte je 100g

Rote Betescheiben

Energie	23,4 kcal
Fett	62,9 mg
Kohlenhydrate	4,55 g
Eiweiß	0,59 g

Nährwerte je 100g

Karottenstreifen

— 300 g Karottensaft frisch gepresst
— 1 TL Honig
— 20 g Ingwer
— Spritzer Zitronensaft
— Salz, Prise Zucker, Pfeffer
— 6 DL Gellazoon low

Karottenstreifen

Karotten waschen und im Power Juicer entsaften, den Saft mit Honig, Ingwer (frisch gerieben), Salz, Pfeffer und evtl. Zucker abschmecken. Anschließend mit dem Gellazoon einmal kurz aufkochen. Die Flüssigkeit in eine gewünschte Form gießen und erkalten lassen. Vor dem Anrichten in die gewünschte Form schneiden.

Selleriewürfel

Sellerie waschen und im Power Juicer entsaften, den Saft mit Salz, Pfeffer und evtl. Zucker, Zitrone, Sesamöl abschmecken. Anschließend mit dem Gellazoon einmal kurz aufkochen. Die Flüssigkeit in eine gewünschte Form gießen und erkalten lassen. Vor dem Anrichten in die gewünschte Form schneiden.

Gurkenstreifen

Salatgurke schälen und im Power Juicer entsaften, den Saft mit Weizengras, Salz, Pfeffer und evtl. Zucker abschmecken. Anschließend mit dem Gellazoon einmal kurz aufkochen. Die Flüssigkeit in eine gewünschte Form gießen und erkalten lassen. Vor dem Anrichten in die gewünschte Form schneiden.

Rote Bete-Scheiben

Rote Bete waschen und im Power Juicer entsaften, den Saft mit Balsamicoessig, Salz, Pfeffer und evtl. Zucker abschmecken. Anschließend mit dem Gellazoon einmal kurz aufkochen. Die Flüssigkeit in eine gewünschte Form gießen und erkalten lassen. Vor dem Anrichten in die gewünschte Form schneiden.

Selleriewürfel

— 300 g Saft vom Bleichsellerie
— ein paar Spritzer Sesamöl
— Pfeffer weiß aus der Mühle
— etwas Zitronensaft
— Salz, Prise Zucker
— 6 DL Gellazoon low

Gurkenstreifen

— 300 g Saft von der Salatgurke
— 1 TL Weizengraspulver oder Saft
— Pfeffer weiß
— Salz, Prise Zucker
— 6 DL Gellazoon low

Rote Bete-Scheiben

— 300 g Rote Bete-Saft
— 30 g Balsamicoessig
— Pfeffer weiß
— Salz, Prise Zucker
— 6 DL Gellazoon low

matjes-**bohne&co** für 10 Personen

Rote Bete-Luft
- Energie 21,8 kcal
- Fett 34,9 mg
- Kohlenhydrate 3,89 g
- Eiweiß 1,13 g

Nährwerte je 100g

Bohnenmasse
- Energie 12,8 kcal
- Fett 166 mg
- Kohlenhydrate 1,46 g
- Eiweiß 1,29 g

Nährwerte je 100g

Matjesfilet
- Energie 194 kcal
- Fett 16,3 g
- Kohlenhydrate 2,56 g
- Eiweiß 9,16 g

Nährwerte je 100g

Rote Bete-Luft

— 200 g Rote Bete-Saft frisch gepresst
— ein paar Spritzer Balsamico
— Prise Zucker
— Prise Salz
— 4 DL Emulzoon

Rote Bete-Luft

Die Rote Bete waschen und im Power Juicer zu Saft verarbeiten. Mit Balsamico, Zucker und Salz abschmecken und anschließend mit Emulzoon verrühren. Mit Hilfe der kleinen Pumpe oder einem Mixstab aufschäumen. Den Schaum einen Moment stehen lassen und servieren.

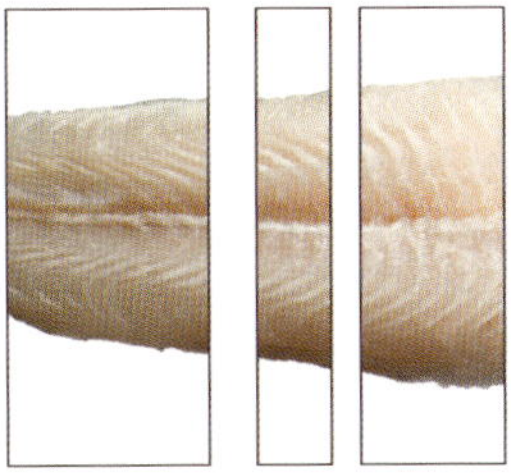

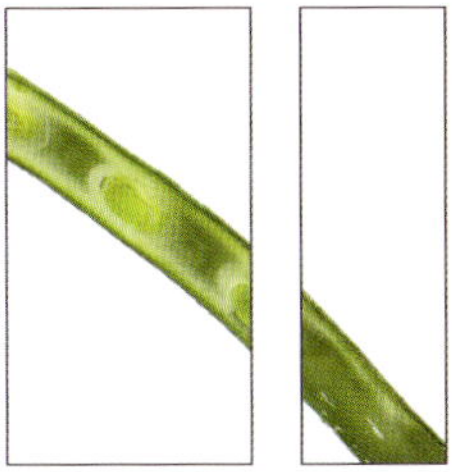

Matjesfilet

Gelatine einweichen. Alle anderen Zutaten klein schneiden und im Mixer sehr fein pürieren, die eingeweichte Gelatine erwärmen, bis sie völlig gelöst ist, zur pürierten Masse geben und glattrühren. Noch ein Mal abschmecken und in Silikonförmchen füllen und erkalten lassen.

Bohnenmasse

Die Bohnen in Salzwasser garen und mit Bohnenkraut und Zucker abschmecken. Bohnen mit einem Drittel des Gemüsefonds sehr fein pürieren. Gelea Instant einrühren, bis es völlig gelöst ist. Anschließend die Lösung ein Mal aufkochen und in Formen gießen. Die erkaltete Masse kann beliebig geschnitten werden und verträgt ein Erhitzen bis 80 °C.

Matjesfilet

— 500 g Matjesfilet
— 300 g Saure Sahne
— 50 g Zwiebeln
— 50 g Essiggurke
— 100 g Apfel säuerlich geschält, entkernt
— Salz, Prise Pfeffer weiß aus der Mühle
— 3 Blatt Gelatine

Bohnenmasse

— 400 g Bohnen fein
— 600 g Gemüsefond
— 1 TL Weizengraspulver
— Bohnenkraut
— Salz, Prise Zucker
— 40 g Gelea Instant

basilikum&rotebete für 4 Personen

Rote Bete-Gelee

- Energie 23,4 kcal
- Fett 62,9 mg
- Kohlenhydrate 4,55 g
- Eiweiß 0,59 g

Nährwerte je 100g

Pestoschaum

- Energie 178 kcal
- Fett 15,4 g
- Kohlenhydrate 4,64 g
- Eiweiß 5 g

Nährwerte je 100g

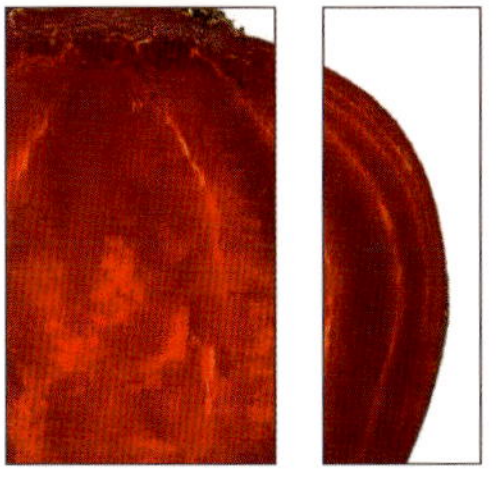

Rote Bete-Gelee

Die Rote Bete waschen und in der Saftpresse entsaften, mit dem Balsamico, Salz und Zucker abschmecken. Anschließend erwärmen und die eingeweichte Gelatine unterrühren. In eine Form geben und kalt stellen. Wenn das Gelee steif genug ist, kann dieses in Würfel, Streifen etc. geschnitten werden. Auf dem Glasdeckel des Weckglases anrichten und servieren.

Pestoschaum

Alle Zutaten miteinander vermischen und sie danach sehr fein mixen. Durch ein feines Sieb streichen und in eine 0,5 l-Whiperflasche füllen. Mit einer Patrone begasen, kräftig schütteln und servieren.

Rote Bete-Gelee

- 300 g Rote Bete frisch gepresst
- 10 g Crema de Balsamico
- Salz, Prise Zucker
- 3 Blatt Gelatine

Pestoschaum

- 1 Bund Basilikum gezupft
- 125 g Joghurt
- 1/3 Bund Petersilie glatt
- ½ TL Weizengraspulver
- 5 g Pinienkerne
- 5 g Knoblauch geschält
- 10 g Salz
- 2 Tropfen Sesamöl
- 1 TL Olivenöl, kaltgepresst
- 10 g Pecorino romano
- 1 DL Smoothfood-mischung (Guar und Xanthazoon 1/1)
- Pfeffer aus der Mühle
- Limonenabrieb
- 5 g Limonen Saft

vitamin**ampel** für 4 Personen

Vitamin Ampel

· Energie	48,1 kcal
· Fett	393 mg
· Kohlenhydrate	8,41 g
· Eiweiß	1,09 g

Nährwerte je 100g

Grüne Schicht

Kiwi schälen und in Scheiben schneiden. Die grünen Kiwi-Scheiben in der Küchenmaschine zerkleinern (das Zermahlen der Kerne vermeiden) mit 2 EL Orangensaft mischen, durch ein feines Sieb streichen und in Gläser füllen.

Gelbe Schicht

Kiwi schälen und in Scheiben schneiden. Die gelben Kiwi-Scheiben in der Küchenmaschine zerkleinern (das Zermahlen der Kerne vermeiden) mit 4 EL Orangensaft mischen, durch ein feines Sieb streichen. Diese Mischung entlang am Löffelrücken über die grüne Mischung gießen.

Rote Schicht

Himbeeren mit restlichem Orangensaft in der Küchenmaschine zerkleinern (das Zermahlen der Kerne vermeiden) durch ein feines Sieb streichen. Diese Mischung entlang am Löffelrücken über die grüne Mischung gießen. Puderzucker nach Belieben zum Nachsüßen.

Vitamin Ampel

- 2 grüne Kiwi
- 2 gelbe Kiwi
- 8 EL Orangensaft
- 150 g Himbeeren

schaum**kost**

s^chaumkost

Ableitung von der gesunden Kost/leichten Kost in mousseähnlicher Konsistenz. Die festen Nahrungsmittel werden in feinflüssige/cremige Konsistenz gebracht (mit dem Pacojet, evtl. noch mit dem Sieb passiert). Kann ohne Kaubewegung eingenommen/getrunken werden. Je nach Bedarf noch angereichert mit Kalorien und Eiweiß. Mit angepassten Zwischenmahlzeiten.

sellerieschaum**astoria** für 4 Personen

Rote Bete-Apfel-Luft

- 100 g Rote Bete-Saft
- 100 g Apfelsaft sauer
- 6 DL Emulzoon
- Spritzer Zitronensaft

Sellerieschaum

- 100 g flüssige Sahne
- 250 g Stangensellerie geputzt
- 25 g Walnuss gehackt
- 50 g Apfel geputzt
- 2 DL Smoothfood-mischung (Guar und Xanthazoon 1/1)
- Prise Salz aus der Mühle
- Pfeffer weiß gemahlen
- Spritzer Zitronensaft

Karottenschaum

- 175 g Karottensaft
- 25 g Celluzoonlösung
- Ingwerpaste
- Spritzer Zitronensaft,
- Salz, Zucker, Pfeffer weiß gemahlen

Rote Bete-Apfel-Luft

Alle Zutaten mit dem Mixstab aufschäumen. Den Schaum mit einem Löffel auf dem Salatschaum anrichten. Alternativ bekommt man einen schöneren Schaum mit Hilfe einer kleinen Aquarienluftpumpe.

Sellerieschaum

Ableitung von der Normalkost S. 70 in fein cremiger Konsistenz evtl. angereichert mit Maltodextrin 19 (Maltozoon) und Protein in Pulverform. Kann ohne Kaubewegung leicht geschluckt werden.

Bleichsellerie in feine Streifen schneiden, blanchieren. Äpfel entkernen und diese auch in feine Stückchen schneiden, anschließend die gehackten Nüsse zugeben. Alles würzen mit Salz, Pfeffer und dem Spritzer Zitronensaft. Die Smoothfoodmischung und die Hälfte der Sahne dazu geben und alles sehr fein mixen. Diese Masse durch ein feines Sieb streichen und mit der zweiten Hälfte der Sahne auffüllen. Evtl. nochmals etwas abschmecken und in eine Whiperflasche füllen. Für 0,5 l eine Kapsel aufschrauben, kräftig schütteln und in Gläser portionieren.

Karottenschaum

Alle Zutaten miteinander verrühren, im Whiper aufschäumen. Für 0,5 l eine Kapsel aufschrauben, kräftig schütteln und portionieren.

Rote Bete-Apfel-Luft

· Energie	21,8 kcal
· Fett	34,9 mg
· Kohlenhydrate	3,89 g
· Eiweiß	1,13 g

Nährwerte je 100g

Sellerieschaum Astoria

· Energie	117 kcal
· Fett	10,1 g
· Kohlenhydrate	4,31 g
· Eiweiß	2,08 g

Nährwerte je 100g

Karottenschaum

· Energie	27,2 kcal
· Fett	269 mg
· Kohlenhydrate	4,67 g
· Eiweiß	1,04 g

Nährwerte je 100g

rindsbouillon**royal** **für 4 Personen**

Petersilien-Luft
- 150 g Petersilienwasser
- Salz
- 2 DL Emulzoon

Eischaum
- 3 Stück Ei hartgekocht
- 200 g Kochsahne 15–24 %
- Salz, Pfeffer, Muskat
- Messerspitze Senf mittelscharf

Petersilien-Luft	
• Energie	13,1 kcal
• Fett	71,9 mg
• Kohlenhydrate	1,19 g
• Eiweiß	1,83 g

Nährwerte je 100g

Eischaum	
• Energie	134 cal
• Fett	10,4 g
• Kohlenhydrate	2,72 g
• Eiweiß	7,64 g

Nährwerte je 100g

Rindsbouillon	
• Energie	56,2 kcal
• Fett	3,17 g
• Kohlenhydrate	466 mg
• Eiweiß	6,46 g

Nährwerte je 100g

Petersilien-Luft

Das Petersilienwasser in ein großes Gefäß geben und salzen. Mit dem Mixstab das Emulzoon unterrühren und viel Luft unterschlagen. Den Schaum etwas stehen lassen und bei Bedarf servieren.

Tipp: An Stelle des Mixstabes kann man auch eine kleine Aquarienluftpumpe mit Sprudelstein benutzen.

Eischaum

Alle Zutaten miteinander sehr fein mixen, auf ca. 50 °C erwärmen und in eine Whiperflasche füllen, aufschäumen. Bei 0,5 l eine Kapsel aufschrauben, kräftig schütteln und portionieren.

Rindsbouillon

0,5 l Rindsbouillon etwas angedickt mit einem DL Smoothfoodmischung vermischen. **Rindsbouillon** siehe Grundrezepte S. 178.

sellerie**luft** **für 4 Personen**

Sellerie-Luft	
· Energie	28,6 kcal
· Fett	197 mg
· Kohlenhydrate	4,51 g
· Eiweiß	1,82 g
	Nährwerte je 100g

Sellerie-Luft

Selleriesaft mit Emulzoon verrühren und anschließend mit dem Mixstab aufschäumen.

Tipp: An Stelle des Mixstabes kann man zum Aufschäumen auch eine kleine Aquarienluftpumpe mit Sprudelstein benutzen.

Sellerie-Luft

— 200 g Saft vom Bleichsellerie frisch gepresst
— Prise Salz
— Prise Zucker
— 3–4 DL Emulzoon

hähnchenbrust**filet** für 0,5 l-Whiperflasche

Geflügelfarce

— 350 g Geflügelfond extra kräftig
— 200 g Sahne 32 %
— 3 DL Smoothfood-mischung (Guar und Xanthazoon 1/1)
— 3 DL Iotazoon

Geflügelfarce

Den Geflügelfond mit der Sahne, dem Iotazoon und der Smoothfoodmischung ein Mal aufkochen. Die Masse in eine Whiperflasche füllen. Diese kann am nächsten Tag aufgeschäumt werden.

Leichte Zucchinimousse

Zucchini geputzt, in etwas Butter glaciert und mit Salz aus der Mühle und einer Prise weißem Pfeffer abgeschmeckt mit der gekochten Kartoffel, der Sahne und dem Zucchinifond anschließend im Mixer sehr fein pürieren. Anschließend mit der Smoothfoodmischung ein Mal kurz bis ca. 70 °C erwärmen und in den Whiper füllen.

Karottenrisotto

Karottensaft mit dem Risotto-Reismehl aufkochen und ca. 20 Min. quellen lassen. Mit der Sahne verfeinern und durch ein feines Sieb streichen. Anschließend die Masse in einen ISI Whiper füllen und warm stellen.

Tipp: Nicht zu warm oder zu heiß schäumen, der Schaum hat die beste Konsistenz bei 35–40 °C, das sollte dann auch die Verzehrtemperatur sein. Am besten immer frisch aufschäumen.

Kräuter-Luft

Den Kräuterfond mit dem Emulzoon verrühren und anschließend mit dem Stabmixer luftig aufschlagen, bis eine Air entsteht, nun kann der Schaum nach einer kurzen Standzeit zum Garnieren verwendet werden.

Leichte Zucchinimousse

- 200 g Zucchini
- 100 g Kartoffel mehlig kochend
- 150 g Zucchinifond
- 100 g Sahne
- etwas Butter
- 2 DL Smoothfood-mischung

Karottenrisotto

- 400 g Karottensaft frisch gepresst
- 100 g Sahne
- 50 g Risotto-Reismehl

Kräuter-Luft

- 200 g reduzierter Kräuterfond
- 6 DL Emulzoon
- Natron

himbeer**schaum** für 0,5 l-Whiperflasche

Himbeerschaum
- Energie 168 kcal
- Fett 1,27 g
- Kohlenhydrate 36,5 g
- Eiweiß 1,53 g

Nährwerte je 100g

Himbeerschaum

— 300 g Vollmilch 3,5%
— 200 g Himbeeren
— 60 g Zucker
— 1 P Vanillezucker
— 1 DL Smoothfood-mischung
— 6 DL Iotazoon
— Himbeersirup

Himbeerschaum

Milch mit den Himbeeren leicht mixen, so dass die Kerne der Himbeere nicht zu sehr gemahlen werden. Anschließend die Himbeermilch durch ein feines Sieb passieren und mit den restlichen Zutaten ein Mal kurz aufkochen. Die Masse in eine 0,5 l Whiperflasche füllen und mit einer Patrone begasen. Über Nacht kalt stellen. Vor dem Servieren kräftig schütteln und portionieren.

karotten-apfel-**frischkost** für 0,5 l-Whiperflasche

Karotten-Apfel-Frischkost	
Energie	96,2 kcal
Fett	6,12 g
Kohlenhydrate	9,17 g
Eiweiß	0,7 g

Nährwerte je 100g

Karotten-Apfel-Frischkost

Alle Zutaten miteinander verrühren, im Whiper aufschäumen. Bei 0,5 l eine Kapsel aufschrauben, kräftig schütteln und portionieren.

Tipp: Für einen Garnitureffekt fein passiertes Preiselbeerkompott dazugeben.

Ingwerpaste aus eigener Herstellung. Siehe Grundrezepte S.180.

Karotten-Apfel-Frischkost

- 400 g Karottensaft
- 100 g Apfelsaft
- 2DL Smoothfood-mischung
- Ingwerpaste
- Spritzer Zitronensaft
- Salz, Zucker
- Pfeffer weiß gemahlen

fisch-**kartoffel&spinat** je 0,5 l-Whiperflasche

Fischschaum	
· Energie	123,cal
· Fett	12,2 g
· Kohlenhydrate	1,65 g
· Eiweiß	2,02 g
	Nährwerte je 100g

Kartoffelschaum	
· Energie	159 kcal
· Fett	13,6 g
· Kohlenhydrate	7,72 g
· Eiweiß	1,51 g
	Nährwerte je 100g

Spinatschaum	
· Energie	79,9 kcal
· Fett	6,55 g
· Kohlenhydrate	3,43 g
· Eiweiß	1,71 g
	Nährwerte je 100g

Fischschaum

- 250 g Fischfond extra kräftig
- 150 g Sahne 32%
- 4 DL Iotazoon
- 2 DL Smoothfood-mischung (Guar und Xanthazoon 1/1)

Fischschaum

Den Fischfond mit der Sahne und dem Iotazoon ein Mal aufkochen und anschließend mit dem Xanthazoon noch etwas binden, diese Masse in eine Whiperflasche füllen. Diese kann jetzt noch warm oder kalt aufgeschäumt werden.

Spinatschaum

Spinat geputzt in etwas Butter glacieren und mit Salz aus der Mühle und einer Prise weißem Pfeffer und etwas Knoblauch abschmecken, mit der gekochten Kartoffel, der Sahne und dem Spinatfond anschließend im Thermomix sehr fein pürieren. Wenn nötig mit etwas Smoothfoodmischung andicken, bis die Masse eine leicht cremige Konsistenz aufweist.

Kartoffelschaum

Kartoffeln im Salzwasser kochen, wenn diese gar sind 250 g Kartoffelwasser aufheben und den Rest abschütten. Kartoffeln mit dem Wasser und der Sahne verfeinern, mixen, die flüssige Butter hinzugeben, das Ganze nochmals mit dem Salz und Muskat abschmecken. Mit der Smoothfoodmischung binden und durch ein feines Sieb streichen. Anschließend die Masse in einen ISI Whiper füllen und warm stellen.

Tipp: Nicht zu warm oder zu heiß schäumen, der Schaum hat die beste Konsistenz bei 35–40 °C, das sollte dann auch die Verzehrtemperatur sein. Am besten immer frisch aufschäumen.

Spinatschaum

— 200 g Spinat
— 100 g Kartoffel mehlig kochend
— 150 g Spinatfond
— 100 g Sahne
— etwas Butter
— 2 DL Smoothfood-mischung (Guar und Xanthazoon 1/1)

Kartoffelschaum

— 250 g Kartoffeln mehlig kochend
— 125 g Kartoffelwasser
— 50 g flüssige Butter
— 100 g Sahne
— Salz, und Muskatnuss
— 1–2 DL Smoothfood-mischung

blaubeer**schaum** je 0,5 l-Whiperflasche

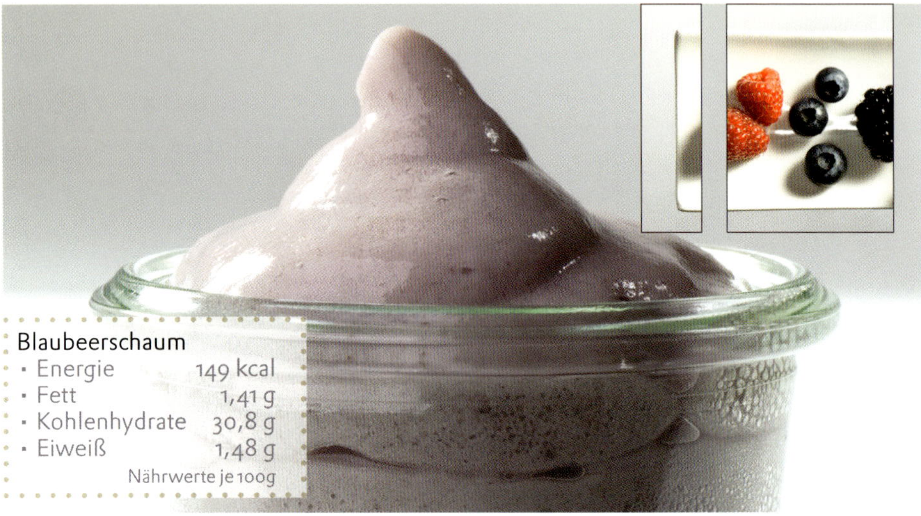

Blaubeerschaum
- Energie 149 kcal
- Fett 1,41 g
- Kohlenhydrate 30,8 g
- Eiweiß 1,48 g

Nährwerte je 100g

Blaubeerschaum
- 300 g Vollmilch 3,5%
- 200 g Blaubeeren
- 60 g Zucker
- 1 P Vanillezucker
- 1 DL Smoothfood-mischung (Guar und Xanthazoon 1/1)
- 6 DL Iotazoon
- 100 g Cassissirup

Blaubeerschaum

Milch mit den Blaubeeren mixen. Anschließend die Blaubeermilch durch ein feines Sieb passieren und mit den anderen Zutaten ein Mal kurz aufkochen. Die Masse in eine 0,5 l Whiperflasche füllen und mit einer Patrone begasen. Über Nacht kalt stellen. Vor dem Servieren kräftig schütteln und portionieren.

frühstücks**cappuccino** je 0,5 l-Whiperflasche

Frühstückscappuccino	
Energie	192 kcal
Fett	13,5 g
Kohlenhydrate	15,4 g
Eiweiß	2,61 g

Nährwerte je 100g

Cappuccino

- 150 g flüssige Sahne
- 150 g Milch 3,5%
- 100 g starker Kaffee
- 60 g Konfitüre Sorte nach Belieben
- 75 g Weißbrot ohne Rinde
- 10 g Zucker
- 1 DL Smoothfood-mischung
- 25 g Butter

Milchschaum

- 200 g Milch 3,5%
- 15 g Vanillezucker
- 3 DL Iotazoon
- 1 DL Smoothfood-mischung (Guar und Xanthazoon 1/1)

Cappuccino

Das Weißbrot würfeln, mit den anderen Zutaten in einen Topf geben und anschließend ein Mal kurz aufkochen. Alles fein mixen und durch ein sehr feines Sieb streichen, um Klümpchenbildung auszuschließen. Die Masse in eine Whiperflasche füllen und mit der Patrone begasen, kräftig schütteln, dann warm servieren und mit Milchschaum ausgarnieren.

Tipp: Für die Smoothfoodmischung kann ersatzweise auch 10 g Puddingpulver natur genommen werden.

Milchschaum

Iotazoon und Smoothfoodmischung mit dem Vanillezucker in heißer Milch vollständig lösen, langsam aufkochen und in eine Whiperflasche füllen. Bei einem 0,5 l Whiper benötigt man eine Patrone zum Begasen der Flasche.

Milchschaum	
Energie	88 kcal
Fett	3,26 g
Kohlenhydrate	11,4 g
Eiweiß	3,07 g

Nährwerte je 100g

frühstücks**cappuccino** je 0,5 l-Whiperflasche

Cappuccino
Frischkäse & Honig

- —150 g flüssige Sahne
- —150 g Milch 3,5%
- —100 g starker Kaffee
- —60 g Frischkäse oderQuark
- —60 g Honig Sorte beliebig
- —75 g Weißbrot ohne Rinde
- —1 DL Smoothfood-mischung (Guar und Xanthazoon 1/1) oder ersatzweise 10 g Puddingpulver natur

Cappuccino
Frischkäse & Honig

• Energie	201 kcal
• Fett	14,6 g
• Kohlenhydrate	14,4 g
• Eiweiß	3,37 g

Nährwerte je 100g

Cappuccino – Frischkäse & Honig

Das Weißbrot würfeln, mit den anderen Zutaten in einen Topf geben und anschließend ein Mal kurz aufkochen. Alles fein mixen und durch ein sehr feines Sieb streichen, um Klümpchenbildung auszuschließen. Die Masse in eine Whiperflasche füllen und mit der Patrone begasen, kräftig schütteln, dann warm servieren und mit Milchschaum ausgarnieren.

Cappuccino
Herzhafte Form

— 150 g flüssige Sahne
— 150 g Milch 3,5%
— 100 g starker Kaffee
— 60 g Frischkäse/Quark
— 60 g Honig
  Sorte beliebig
— 75 g Weißbrot ohne
  Rinde
— 1 Prise Salz
  oder Brühpulver
— 1 DL Smoothfood-
  mischung oder
  ersatzweise 10 g
  Puddingpulver natur

Cappuccino – Herzhafte Form

Das Weißbrot würfeln, mit den anderen Zutaten in einen Topf geben und anschließend ein Mal kurz aufkochen. Alles fein mixen und durch ein sehr feines Sieb streichen, um Klümpchenbildung auszuschließen. Die Masse in eine Whiperflasche füllen und mit der Patrone begasen, kräftig schütteln, dann warm servieren.
Bei der herzhaften Variante verzichten wir auf den süßen Milchschaum.

Cappuccino
Herzhafte Form

· Energie	174 kcal
· Fett	12,7 g
· Kohlenhydrate	37,73 g
· Eiweiß	7,31 g

Nährwerte je 100g

frühstücks**kreationen** für jeweils ca. 4 Personen

Frühstücks Smoothie

• Energie	87,4 kcal
• Fett	945 mg
• Kohlenhydrate	16,8 g
• Eiweiß	2,09 g

Nährwerte je 100g

Vollkorn Fitness Drink

• Energie	82,1 kcal
• Fett	475 mg
• Kohlenhydrate	16,3 g
• Eiweiß	2,24 g

Nährwerte je 100g

Gemüse Smoothie

• Energie	41,1 kcal
• Fett	2,25 g
• Kohlenhydrate	3,41 g
• Eiweiß	1,47 g

Nährwerte je 100g

Banane Pfirsich Smoothie

• Energie	63,3 kcal
• Fett	16,2 mg
• Kohlenhydrate	13,4 g
• Eiweiß	885 mg

Nährwerte je 100g

Haferschaum

• Energie	109 kcal
• Fett	3,5 g
• Kohlenhydrate	15,4 g
• Eiweiß	3,71 g

Nährwerte je 100g

Frühstücks Smoothie

— 4 EL Dinkelflocken
— 1 Banane
— Spritzer Zitronensaft
— 400 g Multivitaminsaft
— 100 g Grapefruitsaft
— 100 g Joghurt

Alle Zutaten fein pürieren, 15 Min. stehen lassen und nochmals pürieren. In Gläser füllen, servieren.

Vollkorn Fitness Drink

— 2 große Bananen
— 400 g Karottensaft
— 200 g Orangensaft
— Saft einer Zitrone
— 6 EL Dinkelflocken
— 2 EL Honig

Alle Zutaten im Mixer fein pürieren, 15 Min. quellen lassen und nochmals pürieren. In Gläser füllen, servieren.

Gemüse Smoothie

— 2 Tomaten geschält, entkernt
— 1 gelbe Paprika entkernt
— 200 g Möhren
— 200 g Bleichsellerie
— 200 g Joghurt
— 100 g Orangensaft
— Salz, Cayennepfeffer
— Stangensellerie zum Garnieren

Tomaten kurz blanchieren, abschrecken und häuten. Tomaten vom Stielansatz befreien, vierteln, entkernen und grob zerkleinern. Möhren und Sellerie schälen, putzen und beides klein schneiden. Alle Zutaten in einen Mixer geben und fein pürieren. Mit Salz und Cayennepfeffer würzen und servieren. **Tipp:** Ein paar Tropfen Sesamöl verleihen dem Smoothie eine nussige Note.

Bananen Pfirsich Smoothie

- 1 Banane
- 2 Pfirsiche geschält, entkernt
- 100 g Grapefruitsaft
- Spritzer Zitrone

Alle Zutaten im Mixer fein pürieren, in Gläser füllen und mit Minze garnieren.

Haferschaum

- 500 g Milch 3,5 %
- 40 g Haferflocken feinblättrig
- 40 g Zucker

Alle Zutaten ca. 5–6 Min. kochen und fein pürieren. Durch ein sehr feines Sieb streichen, in einen 0,5 l Whiper füllen, mit einer Patrone begasen und aufschäumen.

Grießschaum

- 500 g Milch 3,5 %
- 40 g Weichweizengrieß
- 50 g Zucker
- 100 g Kochsahne 15 %
- etwas Zitronenabrieb
- Mark einer halben Vanilleschote

Die Milch mit dem Zucker aufkochen, den Weichweizengrieß, Zitronenabrieb und das Vanillemark beigeben, 3–4 Min. kochen lassen. Anschließend durch ein feines Sieb passieren, mit der Kochsahne aufrühren. Die Masse in den Whiper füllen, bei 40–50 °C warm servieren.

Milchreisschaum

- 80 g Milchreis
- 50 g Zucker
- 500 g Milch 3,5 %
- 100 g Kochsahne 15 %

Die Milch mit dem Zucker und dem Milchreis ca. 25–30 Min. garkochen, fein pürieren und durch ein feines Sieb streichen. Nun die 100 ml Kochsahne dazugeben und im Whiper bei ca. 40°C aufschäumen. **Tipp:** Etwas Zitronenabrieb dazugeben, um den Milchreisschaum zu veredeln.

Milchreisschaum	
Energie	129 kcal
Fett	2,87 g
Kohlenhydrate	21,4 g
Eiweiß	3,95 g

Nährwerte je 100g

Grießschaum	
Energie	107 kcal
Fett	4,09 g
Kohlenhydrate	14 g
Eiweiß	3,44 g

Nährwerte je 100g

Obstsalatschaum	
· Energie	114 kcal
· Fett	666 mg
· Kohlenhydrate	25,9 g
· Eiweiß	394 mg
	Nährwerte je 100g

Müslischaum	
· Energie	173 kcal
· Fett	4,26 g
· Kohlenhydrate	28,9 g
· Eiweiß	4,14 g
	Nährwerte je 100g

Obstsalatschaum

— 300 g Orange, Apfel und Banane
— 100 g Multivitaminsaft
— 50 g Zucker
— 30 g Ahornsirup
— 10 g gehackte Schokolade
— 5 g Kokosflocken
— 4 DL Smoothfood-mischung

Die Zutaten vermengen und in Pacossierbecher füllen. 24 Std. einfrieren, ein Mal pacossieren, auftauen lassen. Die Mischung durch ein feines Sieb streichen und in den Whiper füllen. **Tipp:** Mit dem Vita-Mix TNC kann man ohne Sieb arbeiten. Durch die hohe Geschwindigkeit werden Obst und andere Zutaten faserfrei zerkleinert. Das Nonplusultra im Rohkostbereich.

Müslischaum

— 170 g Müslimischung
— 250 ml Milch
— 70 g Zucker
— 100 g Obstsalatmischung (siehe Obstsalatschaum)
— 100 g Kochsahne

Müslimischung, Milch, Zucker und Obstsalatmischung in den Pacossierbecher füllen, 24 Std. einfrieren und zwei Mal pacossieren. Danach durch ein feines Sieb streichen, die Masse mit der Kochsahne verfeinern, in den Whiper füllen, gut schütteln, servieren.

rotegrütze je 0,5 l-Whiperflasche

Rote Grütze	
Energie	101 kcal
Fett	224 mg
Kohlenhydrate	23 g
Eiweiß	0,62 g

Nährwerte je 100g

Milchschaum	
Energie	88 kcal
Fett	3,26 g
Kohlenhydrate	11,4 g
Eiweiß	3,07 g

Nährwerte je 100g

Rote Grütze

Früchte mit dem Saft ein Mal kurz pürieren, so dass die Kerne nicht völlig zermahlen werden. Anschließend durch ein feines Sieb streichen und mit den restlichen Zutaten ein Mal kurz aufkochen. Die Masse in eine 0,5 l Whiperflasche füllen, mit einer Patrone begasen, abkühlen lassen. Wenn die Grütze kalt ist, kann diese in Schälchen aufgeschäumt werden. Nach Belieben mit Milchschaum oder Sahne garnieren.

Milchschaum

Das Iotazoon und die Smoothfoodmischung mit dem Vanillezucker in heißer Milch vollständig lösen, langsam aufkochen und in eine Whiperflasche füllen. Bei einem 0,5 l Whiper wird eine Patrone zum Begasen der Flasche benötigt.

Rote Grütze
- 200 g Beerenfrüchte nach Wahl
- 200 g roter Mehrfruchtsaft
- 50 g Zucker
- 2 DL Smoothfoodmischung

Milchschaum
- 200 g Milch 3,5%
- 15 g Vanillezucker
- 3 DL Iotazoon
- 1 DL Smoothfoodmischung

smoothfood**grundrezepte**

Rindsbouillon	
• Energie	56,2 kcal
• Fett	3,17 g
• Kohlenhydrate	466 mg
• Eiweiß	6,46 g
	Nährwerte je 100g

Fischfond	
• Energie	23,2 kcal
• Fett	1,46 g
• Kohlenhydrate	723 mg
• Eiweiß	1,74 g
	Nährwerte je 100g

Tomatencremesuppe	
• Energie	48,7 kcal
• Fett	2,75 g
• Kohlenhydrate	4,72 g
• Eiweiß	1,18 g
	Nährwerte je 100g

Rindsbouillon

für 0,5 Liter

— 500 g Rindsknochen zersägt
— 50 g Bleichsellerie geputzt
— 1 l Wasser
— 5 g Meersalz grob
— 100 g Gemüsebündel (Lauch, Knollensellerie, Karotte, Petersilie)
— 30 g Tomate
— Gewürzsäckchen (Lorbeer, Nelken, zerdrückte Pfefferkörner, Majoran, Thymian)
— Pfeffer weiß aus der Mühle

Zersägte Rindsknochen und Rindfleischabschnitte blanchieren. Zuerst mit heißem, dann mit kaltem Wasser abspülen, Gemüsebündel bereitstellen und mit den Petersilienstielen ergänzen. Tomaten waschen, Gewürzsäckchen aus Lorbeer, Gewürznelken, zerdrückten Pfefferkörnern, Majoran und Thymian bereitstellen. Die Knochen und Parüren in kaltem Wasser aufsetzen und zum Siedepunkt bringen. Des Öfteren abschäumen und entfetten. Während der letzten Stunde das Gemüsebündel, die Tomaten und das Gewürzsäckchen beigeben. Fleischbouillon sorgfältig durch ein Passiertuch passieren und nochmals abschmecken.

Fischfond

— 2500 g Fischfond
— 500 g Seehechtfilet
— 120 g Lauch halbiert und gewaschen
— 50 g Zwiebel
— 300 g Champignon frisch, geputzt
— 5 g Dill
— 70 g Eiweiß
— Pfeffer, Salz aus der Mühle

Seehecht grob hacken, Lauch, Zwiebel und Champignon in kleine Würfel schneiden, Dill hacken. Alle Zutaten mit dem Eiweiß gut vermengen und für eine Stunde in den Kühlschrank stellen. Diese Masse in den Fischfond geben und gut verrühren. Unter sehr vorsichtigem Rühren langsam zum Siedepunkt bringen. Nach dem Aufkochen nicht mehr rühren. Des Öfteren abschäumen und abfetten, 30 Min. leicht sieden lassen. Sorgfältig durch ein doppeltes Passiertuch passieren und abschmecken.

Tomatencremesuppe

für 0,5 Liter

- 6 g Butter
- 10 g Zwiebel
- 10 g Lauch
- 10 g Sellerie
- 10 g Karotte
- 1 g Knoblauch
- 10 g Mehl
- 140 g Tomaten, entkernt
- Salz
- Pfeffer weiß aus der Mühle
- 10 g Zucker
- 50 g Tomatenmark
- 360 g Gemüsefond
- 1 Kräuterbündel
- 160 g Sahne 32 %
- Basilikum
- Pesto Genovese

Lauch längs halbieren und waschen. Zwiebeln, Lauch, Sellerie, Karotten in kleine Würfel schneiden, Knoblauch hacken, Tomaten vierteln. Gemüsefond aufkochen. Kräuterbündel: Rosmarin, Thymian, Mayoran und Basilikum bereitstellen. Gemüsewürfel in Butter dünsten, Knoblauch beigeben. Tomatenstücke beigeben und mit dünsten, etwas Zucker beigeben. Tomatenpüree beigeben und kurz mit dünsten, mit Weißmehl stäuben und etwas abkühlen lassen. Mit heißem Gemüsefond auffüllen und unter Rühren aufkochen, mit Salz und Pfeffer abschmecken, des Öfteren abschäumen. 30 Min. sieden, Kräuterbündel beigeben und nochmals 10 Min. sieden, Kräuterbündel herausnehmen. Suppe mit einem Stabmixer mixen und durch ein feines Sieb passieren. Nochmals aufkochen, mit Sahne verfeinern und abschmecken. Ein paar Tropfen Sahne auf der Suppe platzieren und mit einem Zahnstocher einmal mit Schwung durchziehen. Zum Schluss noch einen kleinen Punkt Pesto in die Mitte geben und servieren.

smoothfood**grundrezepte**

Gemüsebrühe	
· Energie	3,32 kcal
· Fett	0,1 g
· Kohlenhydrate	0,2 g
· Eiweiß	0,4 g
	Nährwerte je 100g

Ingwerpaste	
· Energie	134 kcal
· Fett	11,1 g
· Kohlenhydrate	7,82 g
· Eiweiß	0,93 g
	Nährwerte je 100g

Möhrenperlen	
· Energie	55,9 kcal
· Fett	309 mg
· Kohlenhydrate	11,6 g
· Eiweiß	1,23 g
	Nährwerte je 100g

Gemüsebrühe

für 0,5 Liter

— 10 g Rapsöl
— 30 g Zwiebeln, geschält
— 1–2 g Knoblauch, geschält
— je 40 g Lauch, Knollensellerie, Karotten
— 20 g Weißkohl
— 20 g Stangensellerie
— 10 g Fenchel
— 10 g Kohlrabi
— 5 g Petersilie
— 4 g Salz
— 600 g Wasser
— 1 Gewürzbeutel

Lauch und Stangensellerie längs halbieren und waschen. Gemüse in kleine Würfel schneiden, Gewürzbeutel aus Pfefferkörnern, Gewürznelken, Lorbeer und Thymian herstellen. Zwiebeln, Knoblauch in Rapsöl andünsten.

Restliches Gemüse und Petersilie dazugeben und mit dünsten. Mit Wasser auffüllen, aufkochen und abschäumen. Salz und Gewürzbeutel zugeben und 45 Min. langsam kochen lassen. Alles vorsichtig durch ein sehr feines Tuch passieren und zur weiteren Verwendung abkühlen lassen.

Ingwerpaste

— 450 g Ingwer geputzt
— 60 g Wasser
— 60 g Sonnenblumenöl
— 5 g Meersalz grob
— 5 g brauner Zucker

Ingwer leicht putzen so dass keine Schmutzrückstände mehr daran sind. Den Ingwer jetzt in Scheiben schneiden, mit Salz und Zucker abschmecken und in einen Pacossierbecher geben. Danach mit dem Öl und Wasser bedecken, mindestens 24 Std. einfrieren. Jetzt können Sie nach Belieben Portion für Portion abfräsen und den

Rest wieder einfrieren.

Smoothfood-mischung

Diese Mischung wird zu gleichen Teilen aus Guarzoon und Xanthazoon hergestellt.

Durch diese Rezeptur werden gerade im warmen bis heißen Bereich stabile aber von der Konsistenz angenehme Schäume erzielt.

Möhrenperlen

— 40 g Karottensaft
— 200 g stilles Mineralwasser kaliumarm
— 130 g stilles Mineralwasser
— 600 g Algizoon
— 500 g Calazoon

Für die Herstellung der Möhrenperlen benötigt man zuerst eine Algizoon-Stammlösung und eine Calazoon-Stammlösung. Für die Algizoon-Stammlösung das Algizoon im kaliumarmen Mineralwasser mit Hilfe eines Mixstabes vollständig auflösen und die Lösung stehen lassen bis alle Luftblasen entwichen sind. Für die Calazoon-Stammlösung mit dem Calazoon und dem stillen Mineralwasser gleich verfahren. Nun 10 g der Algizoon-Stammlösung mit dem Karottensaft vermischen und wiederum stehen lassen, bis alle Luftblasen entwichen sind.

Dann die Calazoon-Lösung in ein flaches Gefäß geben. Die Möhren-Algizoon-Lösung mit einer Spritze aufziehen und tropfenweise in die Calazoon-Stammlösung geben, so dass kleine Perlen entstehen. Mit Hilfe eines Sieblöffels die Perlen nach ca. 30 Sek. herausnehmen und diese in klarem Wasser leicht spülen.

gelier**mittel**

Gelea Instant

Gelea Instant® besteht aus einer Mischung von Agar-Agar (E 406) und Xanthan (E415). Agar-Agar wird aus Rotalgen gewonnen, die im Meer wachsen. In der Alge sorgen die langen Zuckerketten des Agar-Agar für deren Flexibilität und verhindern, dass diese außerhalb des Wassers zu schnell austrocknen. Auch Xanthan besteht aus langen Zuckerketten.

Es wird von Mikroorganismen gebildet und bindet Wasser sehr gut. In der eingesetzten Mischung mit Agar-Agar verhindert es, dass gerade bei sauren Lebensmitteln wie Fruchtsäften nach kurzer Zeit Wasser aus den Gels austritt. Sowohl Agar-Agar als auch Xanthan sind natürlichen Ursprungs und sogar als Zusatz von Biolebensmitteln zugelassen.

Gelea Instant® kann als Geliermittel insbesondere zur Herstellung von Fingerfood (Eat by Walking) eingesetzt werden. Es lässt sich einfach in kalte oder warme Flüssigkeiten einarbeiten und geliert nach Aufkochen beim Abkühlen. Aufgrund seiner innovativen Herstellung weist es eine hervorragende Löslichkeit auf und kann zur Verfestigung fast aller Lebensmittel (Ausnahme: Lebensmittel, deren Fettgehalt 7% überschreitet) eingesetzt werden. Die mit Gelea Instant® gelierten Speisen weisen eine hohe Stabilität auf und können erneut erhitzt (bis 80° C) bzw. warm serviert werden (Gel-Blöcke).

Beispielrezeptur:
Herstellung von Fingerfood

- 8 gestrichene Dosierlöffel Gelea Instant® in 100 ml kalter Flüssigkeit (Brühe, Saft, etc.) einrühren
- kurz durchmischen bis zur vollständigen Auflösung des Pulvers.
- die Lösung unter Rühren kurz aufkochen, in eine Form ausgießen und zum Abkühlen und Gelieren stehen lassen.

Calazoon®

Calazoon® besteht aus Calcium-Laktat (E 327), einem Calciumsalz, das auch in vielen Milchprodukten natürlich zu finden ist. Erst mit dem Zusatz dieses Hilfsstoffs gelingt die optimale Gelbildung bei Algizoon® und Iotazoon®. Dabei wirkt das Calcium wie eine Klammer, die die langkettigen Zuckerketten von Algizoon® oder Iotazoon® miteinander verbindet und somit die Ausbildung eines dreidimensionalen Netzwerks (feste Struktur) bewirkt.

Wenn man eine Lösung mit Algizoon® in eine Calazoon® Lösung eintropft, bildet sich an der Kontaktfläche (Kugelaussenfläche) eine stabile Haut, die das flüssige Innere umhüllt. Nach der Herausnahme der Kugeln aus der Calazoon®-Lösung und dem Abspülen mit Wasser können die Kugeln in den Mund genommen und am Gaumen zerdrückt werden. In einer Geschmacksexplosion geben sie dann schlagartig das leckere Aroma im Innern frei. Werden die Algizoon® Kugeln allerdings zu lange in der Calazoon®-Lösung belassen, so wird die feste äußere Hülle immer dicker und der flüssige Kern immer kleiner (meist nicht erwünscht).

Beispielrezeptur:
Herstellung von Gelkapseln

- 5 gestrichene Dosierlöffel Calazoon® in 130 ml kaltem Wasser vollständig auflösen.
- Algizoon®-Lösungen (siehe Algizoon®) können z. B. zur Herstellung von Gelkugeln oder Kapseln in die Calazoon®-Lösung eingetropft (z. B. mit einer Spritze/Löffel) werden.

Celluzoon®

Der Rohstoff für Celluzoon® stammt aus den Zellwänden von Pflanzen und wird durch eine nachträgliche Umwandlung in eine wasserlösliche Form (E461) gebracht. In Kombination mit Xanthazoon® kann Celluzoon® Schäume von sehr sauren, fetthaltigen oder salzigen Lebensmitteln stabilisieren. Bei Temperaturen über 60 °C werden Celluzoon® Lösungen fest, wobei im Verlauf einer anschließenden Abkühlung wieder eine Verflüssigung eintritt. Man spricht hier von einem so genannten heißen Eis (feste Form schmilzt bei der Abkühlung).

Um Celluzoon® in Lösung zu bringen gibt es 2 Möglichkeiten:

- Einrühren mit einem elektrischen Rührstab in kaltes Wasser.
- Gleichmäßige Verteilung des Pulvers mit einem Löffel oder Schneebesen in heißem Wasser und anschließende schnelle Abkühlung mit Eis oder kaltem Wasser.

Es entstehen klare, transparente Lösungen, die nach 24 Stunden im Kühlschrank ihre optimalen Eigenschaften erreichen.

Beispielrezeptur: Herstellung von kalten Schäumen

- 6 gestrichene Dosierlöffel Celluzoon® in 110 ml heißem Wasser lösen (> 80 °C), unter Rühren abkühlen und über Nacht kalt stellen (Kühlschrank).
- 25 mL Celluzoon® Lösung werden mit 175ml Flüssigkeit (Brühe, Saft etc.) und 6 gestrichenen Dosierlöffeln Xanthazoon® vermischt.
- Mit dem elektrischen Schneebesen/Rührstab auf höchster Stufe zum Schaum aufschlagen.

Guarzoon®

Die verdickende und stabilisierende Komponente von Guarzoon® besteht aus Guarkernmehl (E412). Ausgangsprodukt dieses Guarkernmehls bilden die Samen der Guarbohne, die vor allem in Pakistan und Nordamerika angebaut wird. Guarkernmehl ist wie auch die übrigen Polysaccharide aus langen Zuckerketten aufgebaut und gut in kaltem und warmem Wasser löslich.

Das Einsatzgebiet von Guarzoon® erstreckt sich über einen weiten pH-Bereich (säurestabil) und wird verwendet, um u.a. dickflüssige Saucen herzustellen, die auch gefrier- und auftaustabil sind. Durch die gleichzeitig stabilisierende Wirkung können in Guarzoon®-Lösungen auch Kräuter oder andere Partikel in der Schwebe gehalten werden. Diese Eigenschaft ist vor allem bei der Herstellung verschiedener Dressings oder Fruchtsaucen von entscheidendem Vorteil. Auch bei der Herstellung von Schäumen ist diese stabilisierende Wirkung von Guarzoon® von Bedeutung während die emulgierenden Eigenschaften auch die Einarbeitung von Ölen oder Fetten problemlos ermöglichen.

Beipielrezeptur: Herstellung eines Kräuterdressings

- 3 gestrichene Dosierlöffel Guarzoon® in 200 ml kalte Flüssigkeit (Brühe, Saft etc.) vollständig auflösen.
- Zugefügte Kräuter und andere Partikel werden in der Schwebe gehalten.

Empfehlenswert ist die Kombination mit Xanthazoon®, um starke, elastische Texturen zu erhalten.

Iotazoon®

Carrageen (E407), die wichtigste Komponente von Iotazoon®, wird wie Agar-Agar aus verschiedenen Rotalgen gewonnen. Im Gegensatz zu Agar-Agar geliert es in Gegenwart von Calciumionen besser. Dabei entstehen meist sehr flexible und weiche Gele, wobei die Festigkeit dieser Gele sowohl von der Iotazoon®- als auch von der zugegebenen Calazoon®-Menge abhängt. Die dabei gebildeten Gele können nur begrenzt erhitzt werden (abhängig von der zugegebenen Iotazoon®-Menge). Bei stark sauren (z. B. saure Fruchtsäfte) oder salzigen Lebensmitteln kann es auch vorkommen, dass nur ein sehr weiches und weniger stabiles Gel entsteht. Durch Kombination mit Xanthazoon® oder Locuzoon® können Festigkeit, Stabilität sowie das Wasserbindungsvermögen der Gele beeinflusst werden. Neben der Gelbildung kann Iotazoon® auch zur Stabilisierung von Schäumen oder als Verdickungsmittel zum Einsatz kommen. Insbesondere Rezepturen mit Milchprodukten führen zu standfesten Schäumen oder dickflüssigen Produkten, deren Struktur durch das in der Milch vorhandene Calcium signifikant verbessert wird.

Applikationsbeispiel: Herstellung eines Milchschaums

- 5 gestrichene Dosierlöffel Iotazoon® und 4 gestrichene Dosierlöffel Xanthazoon® in 200 ml kalte Milch vollständig lösen.
- Anschließend die Lösung langsam aufkochen.
- Unter Verwendung eines Sahnesiphons aus der abgekühlten Milchlösung einen Schaum herstellen.

Locuzoon®

Das Johannisbrotkernmehl als wirksame Komponente von Locuzoon® wird aus den Samen des Johannisbrotbaums gewonnen, der vor allem in der Mittelmeerregion oder Nordafrika zu finden ist.

Verarbeitet werden von den schotenartigen Früchten nur die Samen, in denen als langkettiges Zuckermolekül (Polysaccharid) Johannisbrotkernmehl enthalten ist. Dieses Polysaccharid ist geschmacksneutral und kann vor allem zur Stabilisierung und Verdickung von Lebensmitteln eingesetzt werden. Im Gegensatz zu Guarzoon® löst sich Locuzoon® bevorzugt in warmen oder heißen Flüssigkeiten und entwickelt dort auch seine besten Eigenschaften, wobei auch Locuzoon® eine oft vorteilhafte Gefrier- und Auftaustabilität aufweist. Beim Einsatz von Locuzoon® ist in vielen Lebensmitteln insbesondere der geringe Einfluss saurer oder salziger Lebensmittel auf die andickende Wirkung von entscheidendem Vorteil. Kombinationen von Locuzoon® mit Xanthazoon® oder Iotazoon® zeigen eine so genannte synergistische Wirkung. Dies bedeutet, dass die benötigte Einsatzmenge der angesprochenen Kombinationen deutlich unter der notwendigen Einzelmenge von Xanthazoon® oder Iotazoon® selbst liegt.

Applikationsbeispiel: Herstellung von starken und sehr elastischen Gelen

- 5 gestrichene Dosierlöffel Locuzoon® und 4 gestrichene Dosierlöffel Xanthazoon® in 300 ml kalte Flüssigkeit (Brühe, Saft etc.) vollständig lösen.
- Anschließend die Lösung zum Kochen bringen, und durch Abkühlen entsteht ein Gel.

Wir empfehlen die Kombination mit Xanthazoon® zur Herstellung sehr starker, elastischer Texturen.

Xanthazoon®

Die Hauptkomponente von Xanthazoon® bildet das Xanthan (E415), eine lange Kette aus verschiedenen Zuckern, die von Mikroorganismen in großen Kesseln (auch Fermenter genannt) aus Zucker und Eiweißstoffen hergestellt wird. Aufgrund seiner stabilisierenden und andickenden Wirkung kann Xanthazoon® hervorragend bei der Herstellung von Dressings, Saucen oder auch in Eiscreme eingesetzt werden. Die universelle Einsetzbarkeit des Xanthazoon® gerade auch zur Andickung von Flüssigkeiten bei Personen mit Schluckstörungen beruht auf der Tatsache, dass das Produkt seine Eigenschaften ohne Einschränkung auch bei sauren oder salzigen Lebensmitteln zeigt und dass die angedickten Produkte auch über einen weiten Temperaturbereich stabil sind.

Durch seine stabilisierende Wirkung gelingt mit dem Einsatz von Xanthazoon® die Herstellung von standfesten Schäumen und die emulgierenden Eigenschaften ermöglichen auch den Zusatz größerer Ölmengen.

Viskosität, Stabilität und Mundgefühl können durch Kombination mit Locuzoon® oder Guarzoon® weiter verbessert werden.

Applikationsbeispiel: Herstellung einer viskosen Sauce

- 2 gestrichene Dosierlöffel Xanthazoon® in 300–400 ml kalte Flüssigkeit (Brühe, Saft etc.)

vollständig lösen. Wir empfehlen die Kombination mit Iotazoon® zur Herstellung stabiler Schäume. In Kombination mit Locuzoon® oder Guarzoon® können Viskosität, Stabilität und Mundgefühl der Produkte einfach modifiziert und verbessert werden.

Emulzoon®

Emulzoon®, ein Produkt zur Schaumbildung oder Emulgierung von Lebensmitteln, besteht hauptsächlich aus Sojalecithin (E471). Es ist in Ölen und Fetten gut löslich und kann in wässrige Flüssigkeiten fein verteilt eingerührt werden. Die herausragenden Eigenschaften von Emulzoon® erklären sich aus dem ungewöhnlichen Aufbau des Sojalecithins. Da es ein wasserliebendes und ein ölliebendes Ende enthält kann es wie eine Klammer zwischen diesen beiden nicht mischbaren Flüssigkeiten wirken. Nach starkem Rühren mit einem elektrischen Rührstab bilden sich fein verteilte Öltröpfchen in einer wässrigen Flüssigkeit. Man nennt derartige Mischungen auch Emulsionen. In ähnlicher Weise erklärt sich auch die schaumbildende Wirkung von Emulzoon®. Hier wirkt das Sojalecithin allerdings als Klammer zwischen der Luft und der wässrigen Lösung. Dabei können die Luftblasen, die vom Aussehen einem Badeschaum ähnlich sind, ganz einfach durch Einblasen von Luft in eine mit Emulzoon® versetzte Flüssigkeit (z. B. Fruchtsaft oder Brühe) mit Hilfe einer Aquariumluftpumpe erzeugt werden. Aufgrund der leichten Struktur und des großen Luftvolumens der Schaumblasen (auch Air genannt), die mit den natürlichen Aromen der eingesetzten Flüssigkeiten gefüllt sind, eignen sich Emulzoon®-Schäume vor allem sehr gut für das Essen als basale Stimulation.

Applikationsbeispiel: Herstellung von Schäumen

- Einen gestrichene Dosierlöffel Emulzoon® in einem hohen Trinkglas in 25 ml kalte Flüssigkeit (Brühe, Saft etc.) einrühren.
- Luftverteiler der Aquarium-Luftpumpe in die Flüssigkeit eintauchen und einschalten.

Maltodextrin

Maltodextrin wird sowohl als Energieträger, als auch aufgrund seiner Sekundäreigenschaften wie beispielsweise Schaumstabilität als Stabilisator, Füllstoff, Konservierungsmittel sowie als Zutat in der Lebensmittelproduktion verwendet. Maltodextrin ist kaum süß und beinahe geschmacksneutral. Da es gerade noch wasserlöslich ist, wird es in der Diätetik eingesetzt, um Mahlzeiten mit Kohlenhydraten anzureichern. In Wasser bildet es eine klebende, trübe und viskose Masse.

Gellazoon®

Das Geliermittel Gellazoon® mit seinem geringen Acylgehalt besteht aus Gellan Gum (E418), ein wasserlösliches Polysaccharid, welches durch Fermentation gewonnen wird. Dieser multifunktionelle Gelbildner kann allein oder in Kombination mit anderen Produkten (Natriumcitrat, Pektin, Zucker) verwendet werden, um eine große Palette an interessanten Texturen herzustellen. Gellan Gum wird in der Lebensmittelindustrie zur Herstellung von gelierten Produkten wie Desserts, Aspik, Fruchtzubereitungen und Konfitüren, Getränken, Milchprodukten, Zuckerguss/Glasuren etc. verwendet. Für einige Anwendungen von Gellazoon® dient zur Verarbeitung z. B. der Hilfsstoff Calazoon®. Gellazoon® zeichnet sich durch hohe Klarheit (sowohl in Farbe als auch im Aroma) aus und ist in zwei Variationen erhältlich, mit hohem oder niedrigem Acylgehalt. Durch die Kombination beider Variationen kann eine Vielfalt von Texturen erhalten werden.

geräte

Whiper-flasche

Fruchtsaft-presse

Pacojet

Whiper

Den zweiten Siegeszug des Siphons leitete Ferran Adria ein, der das in den 1970er Jahren als Sahneaufschäumer weit verbreitete Gerät für die Herstellung seiner Espumas nutzt. Inzwischen gibt es Siphons mit unterschiedlichen Ausstattungsmerkmalen, z. B. als Thermovariante, die den eingefüllten Inhalt über Stunden temperaturstabil hält.

Fruchtsaftpresse

Für die Schäume benötigt man oft nur den Saft eines bestimmten Lebensmittels. Hierbei ist die Fruchtsaftpresse von großem Nutzen, ob für das Auspressen einer Salatgurke, für das Auspressen von Früchten, die zu Schaum weiterverarbeitet werden sollen, oder für einen frisch gepressten Saft als Zwischenmahlzeit.

Pacojet

Eine Eismaschine, deren besondere Eigenschaften schon einen eigenen Begriff hervorbrachten: pacossieren, eine spezielle Art der Sorbetherstellung. Dazu müssen lediglich Früchte und Fruchtsaft nach Belieben gesüßt und für 24 Stunden im Pacossierbecher bei -20 °C eingefroren werden. Anschließend wird der Becher in den Pacojet eingespannt und durch die Hochgeschwindigkeitsfräse (2000 U/min) in nur 20 Sekunden zu einer sehr feinen Masse verarbeitet. Der Pacojet kann auch als Mixer, Cutter, Sahnemaschine und im Frischebereich verwendet werden.

dieautoren

Markus Biedermann Eidg. Dipl. Küchenchef / Diplom Gerontologe aus Rumisberg in der Schweiz. Vater von drei Töchtern. Nach seiner Ausbildung zum Koch hat er einige Wanderjahre in der Schweiz gehabt, u.a. im Bellevue Palace in Bern, im Restaurant „Du Theatre" bei Ernesto Schlegel, im „Chrüter Oski" in Münchenbuchsee und als Assistent der Geschäftsführung in einer Hotelkette in Grindelwald. Seit 1979 ist er als Küchenchef in verschiedenen Altersheimen tätig. Weiterbildung: Diätkochlehre, Heimleiterausbildung. Publikationen: Esskultur im Heim, Essen als basale Stimulation, Der Heimkoch **Kontakt:** forum99@bluewin.ch Weitere Information: www.esskultur.de

Sandra Furer-Fawer / ist Logopädin und seit 2006 in eigener Praxis tätig. **Kontakt:** info@logopaedielyss.ch Weitere Information: www.logopaedielyss.ch

Herbert Thill Küchenmeister / Smoothfoodexperte aus Edertal in Deutschland und Vater von zwei Töchtern, hat nach seiner Ausbildung zum Koch ab 1984 zehn Jahre in Saisonbetrieben gearbeitet. Stationen waren das Derby Hotel in Davos, die Villa Sylvana in Vulpera in der Schweiz, das Fährhaus Grand Canaria in Spanien, das Holiday In London und die Treff Hotel Gruppe in Usseln und Hahnenklee. Danach war er als stellvertretender Küchenleiter im Staatlichen Badehotel in Bad Wildungen von 1994–1997 in der Gemeinschaftsverpflegung einer Klinikküche mit Diätabteilung tätig, seit November 1997 als Küchenleiter im Alten Wohn- und Pflegeheim Christkönig. Weiterbildung: Meisterschule in Lindau 1997. Seit 1998 Seminare in der Verpflegung für Senioren bis hin zur Ausbildung zum Heimkoch. Seit 2007 tätig in der Erwachsenenbildung als Referent für Kostformen in Smoothfoodseminaren und der Heimkochausbildung. **Kontakt:** herbert.thill@kostkonform.de Weitere Information: www.smoothfood.eu

Katharina Jäger / ist seit 2004 ausgebildete Fotografin, hat Studien in Rom absolviert und war als Bordfotografin auf verschiedenen Passagierschiffen. Ein Jahr lang reiste sie durch Australien. Seit 2009 lebt und arbeitet sie in Deutschland als freiberufliche Fotografin. Publikationen: Faszination Lesen. **Kontakt:** kj@fotografischewerkstatt.de Weitere Information: www.fotografischewerkstatt.de

Tischkultur und deren Rituale

Tischkultur genießen und lustvoll Essen – auch bei körperlichen Einschränkungen.

Wer bekommt nicht Appetit, wenn intensiver Kaffeeduft durch den Raum zieht, klappernde Küchengeräusche zu hören sind und ein Tisch – wunderschön gedeckt – zur Mahlzeit einlädt.

Appetit ist eben nicht nur eine Frage des Geschmacks.

Das Spezialgeschirr UNISONO wurde für die Bedürfnisse bewegungs- und koordinationsbeeinträchtigter Menschen entwickelt, um eine selbständige Aufnahme der Speisen so lange wie möglich zu gewährleisten. Die Tellerränder sind nicht sichtbar als Schiebekante ausgeformt und laufen am oberen Rand nach innen zurück. Werden Speisen gegen den Rand geschoben, fallen sie wie von selbst auf das Besteckteil zurück. Trinkgefäße für verschiedenste Erkrankungen runden die Geschirrserie ab. Damit können Lebensfreude und Gesundheit nachhaltig unterstützt werden.

Das Geschirr steht für eine Form der Tischkultur, wie sie sich Menschen, die in ihrer Bewegung und Koordination beeinträchtigt sind, wünschen.

UNISONO wird aus besonders hartem Porzellan in höchster Verarbeitungsqualität hergestellt, hygienisch, weil sich auf der glatten Porzellanoberfläche weder Bakterien noch Sporen oder Pilze festsetzen können. Durch die hohe Brenntemperatur von 1400° entspricht das Geschirr den Anforderungen von Groß- und Haushaltsküchen und ist stoßfest.

Das Spezialgeschirr UNISONO ist formschön, funktionell, kombinierbar und in verschiedenen Farben erhältlich.

WGP PRODUKTDESIGN
das Lebensplus